中国学校教育探索丛书

培根·聚心·铸魂

北京师范大学附属中学 ——师生谈传统文化

PEIGEN JUXIN ZHUHUN

BEIJING SHIFAN DAXUE FUSHU ZHONGXUE

SHISHENG TAN CHUANTONG WENHUA

梁原草 /主编

北京师范大学出版集团
BEIJING NORMAL UNIVERSITY PUBLISHING GROUP
北京师范大学出版社

图书在版编目（CIP）数据

培根·聚心·铸魂：北京师范大学附属中学师生谈传统文化 /
梁原草主编. —北京：北京师范大学出版社，2021.10
ISBN 978-7-303-27288-4

Ⅰ.①培… Ⅱ.①梁… Ⅲ.①中华文化—文集 Ⅳ.①K203-53

中国版本图书馆 CIP 数据核字（2021）第 194726 号

营　销　中　心　电　话　010-58807651
北师大出版社高等教育分社微信公众号　新外大街拾玖号

PEIGEN JUXIN ZHUHUN —— BEIJING SHIFAN DAXUE FUSHU
ZHONGXUE SHISHENG TAN CHUANTONG WENHUA

出版发行：北京师范大学出版社　www.bnup.com
　　　　　北京市西城区新街口外大街 12-3 号
　　　　　邮政编码：100088
印　　刷：北京盛通印刷股份有限公司
经　　销：全国新华书店
开　　本：787 mm×1092 mm　1/16
印　　张：13.25
字　　数：190 千字
版　　次：2021 年 10 月第 1 版
印　　次：2021 年 10 月第 1 次印刷
定　　价：46.00 元

策划编辑：周劲含　　　　　责任编辑：周劲含
美术编辑：焦　丽　　　　　装帧设计：李向昕
责任校对：段立超　陈　民　责任印制：马　洁

序

黄会林

古老的中国文化仿佛一条浩瀚的江河，流经 5000 多年岁月而未曾干涸。它澎湃而隽永，历久而弥新，凝聚着中华民族的信仰、智慧、审美和精神。生为中国人，我们天生便受这河流的滋养，怀着非凡的文化基因，拥有独特的生命底色，这是一笔何其珍贵的人生财富！

然而，随着当今世界跨文化交流的日益频繁，人们的文化认同问题显得越发突出，本国的文化底色时常被外来文化所遮蔽、侵蚀。这使得学习中华优秀传统文化、确立民族身份主体性成为一个重要而紧迫的命题。

只有继承优良传统，才能开创美好未来，对于处在成长、成材关键时期的中学生尤其如此。我很欣慰地得知，北京师范大学附属中学（简称北京师大附中）自 2008 年起就开始有计划地、系统地进行中华优秀传统文化教育，其中一个重要形式，就是利用每周一的升旗仪式，由教师（有时是学生）向全校师生进行演讲，把中国文化中最核心、最精华的部分加以提炼和勾勒，十四年来未曾中断。这本小书就是部分演讲稿结集而成。

这种坚持殊为不易。中学的老师们并非都是中华传统文化研究专家，他们的日常教学工作也非常繁重，一项演讲活动能够持续十数年，可见学校对中华优秀传统文化的重要性认识得深刻，也见出北京师大附中的师生对传承、发展中华优秀传统文化的执着和韧性。

北京师大附中持之以恒地开展中华优秀传统文化教育，基本的出发点就是为学生打好中国人的文化底色。 什么是文化底色呢？ 概括地说，就是中华民族共同的文化心理特征，包括人生态度、思维模式、情感方式、价值观念诸方面，目标指向中国精神、中国情怀、中国人的文化自信和文化自觉。 我们只有打好中国人的文化底色，才能够实现习近平同志提出的"铸牢中华民族共同体意识"。 师生们演讲的内容，都紧紧地围绕这一目标。 世界大同、和谐一统是中国人永恒的信仰，天下兴亡、匹夫有责是中国人深沉的情怀，上善若水、君子如玉是中国人迷人的气度，自强不息、百折不挠是中国人雄健的风骨，天人合一、慎终追远是中国人卓异的识见，形神兼备、情景交融是中国人高雅的追求……这是中国人共同的文化基因，也是爱国主义、集体主义思想的重要源泉，是青年学生正确的祖国观、民族观、历史观形成的重要基础，是他们对伟大祖国、中华民族、中国共产党、中国特色社会主义认同、热爱的重要起点。

早在 2017 年 1 月，中共中央办公厅、国务院办公厅印发了《关于实施中华优秀传统文化传承发展工程的意见》（简称《意见》），明确指出，在 5000 多年文明发展中孕育的中华优秀传统文化，积淀着中华民族最深沉的精神追求，代表着中华民族独特的精神标识，是中华民族生生不息、发展壮大的丰厚滋养，是中国特色社会主义植根的文化沃土，是当代中国发展的突出优势，对延续和发展中华文明、促进人类文明进步发挥着重要作用。 《意见》要求围绕立德树人的根本任务，把中华优秀传统文化教育贯穿国民教育始终，全方位融入思想道德教育、文化知识教育、艺术体育教育、社会实践教育各环节。 应该说北京师大附中在落实中央关于中华优秀传统文化教育的目标和要求方面是认真的，是下了功夫的；在途径和方式上，也为中学开展这类教育活动提供了可资借鉴的经验。

展读这些讲稿，标题通俗，内容浅显，语言平实。 这是中学的师生们讲给中学生听的，跟专家学者的学术文章很不相同。 其特点之一就是它们的通俗性和感染力：不是鸿篇巨制，没有繁难考证，也不摆理论面孔，演讲者态度诚恳、深入浅出，同学们看得亲切、听得入耳。其另一个特点是它们的针对性和当下性：紧密结合当代中国文化思潮和社会风尚，紧密结合当代中学生的精神状况和思想实际，大处着眼，小处着手，说的是传统文化，讲的是现实问题。当然，我想如果老师们工作压力再小一些，时间再充裕一些，准备再充分一些，尤其是上面两方面的特点能再强化一些，这些文章将更为成熟，说服力将更为增强。

我了解到，这本书实际上是学校关于中华优秀传统文化的第二本书了，几年前已经正式出版过一本，叫《穿越时空的声音——北京师大附中师生谈传统文化》。这本书叫《培根·聚心·铸魂——北京师范大学附属中学师生谈传统文化》，可以看作上一本的姊妹篇。培根、聚心、铸魂，是文化的真谛，也是教育的真谛。北京师大附中的老师说，此书出版后，将作为学校中华优秀传统文化课程和思想道德教育的重要读本，同时也可以作为中华优秀传统文化的普及性读物和一般中学生的作文参考书。我觉得这本书承担得起这些任务。

北京师大附中是我的母校，当年我就是作为一名北京师大附中学生毅然投笔从戎，走上抗美援朝战场的。对于母校，我心底永存一份感激和眷恋，也永存一份祝愿和期待。母校嘱我为这本书写几句话，我义不容辞。

是为序。

2021 年 6 月 3 日

于北京师范大学

目　录

天下为公，人生大同

文化血脉，精神家园

上善若水，君子如玉

艰难困苦，玉汝于成

天下为公，人生大同

天下为公,人生大同

梁原草

老师们,同学们,早上好!

"附中,正正堂堂本校风。我们莫忘了诚、爱、勤、勇。你是个海,涵真理无穷……愿人生大同。附中,太阳照着你笑容,我们努力读书和做工。"这是我们北京师大附中校歌的歌词。我想问同学们,歌词里有一句话"愿人生大同","大同"这两个字该怎么理解呢?

我今天就讲一讲"大同"的意思。大同思想实际上是我们中华传统文化当中非常核心、非常重要的一个思想,它出自《礼记》这本典籍。原话是这样说的:"昔者仲尼与于蜡宾,事毕,出游于观之上,喟然而叹。仲尼之叹,盖叹鲁也。言偃在侧曰:'君子何叹?'孔子曰:'大道之行也,与三代之英,丘未之逮也,而有志焉。大道之行也,天下为公。选贤与能,讲信修睦。故人不独亲其亲,不独子其子,使老有所终,壮有所用,幼有所长,矜寡孤独废疾者皆有所养,男有分,女有归。货恶其弃于地也,不必藏于己;力恶其不出于身也,不必为己。是故谋闭而不兴,盗窃乱贼而不作,故外户而不闭,是谓大同。'"

我把《礼记·礼运》篇中关于"大同"的这段文字大致背出来了,下面再解释一下大概的意思。孔子参加了祭祀的仪式之后有慨叹——应该是慨叹鲁国礼制方面的不尽如人意。他的一个学生言偃(就是子游)问他:"您叹息什么?"孔子说:"大道施行、社会清明的时候,还有夏、商、周三代那些英明的君主理政的时候，我没有赶上，但是我心里非常向往。大道实行的时候，天下是所有人共有的天下。选举那些有德有才的人治理国家，人人都追求讲信用，彼此都培养了和睦友好的关系。社会上各种各样的人，老人、小孩、妇女还有病人等都能得到很好的照顾，都能各得其所。男人有自己的正经事，女人呢，也都能有一个好归宿。物尽其用，但不一定是为了自己用；人尽其力，也不一定是为自己出力。这样的社会，阴谋诡计没有产生的土壤，盗窃作乱的贼人也没有生存的条件，能够夜不闭户——这样的社会就是大同社会。"这就是咱们歌词里头写到的"愿人生大同"。不同的时代"大同"的含义不尽相同，但基本追求就是如此。这是我国从远古时候就产生的对理想社会和完美人生境界的向往与追求。

这样一种崇高的、美好的社会理想，对中国社会几千年的历史产生了极其深远的影响，一直激励着无数仁人志士为之奋斗不息、矢志不渝。这种深远影响的第一个方面，我认为，就是对咱们形成统一的、多民族的国家起了非常关键的作用。一边是历朝历代周而复始的"土地兼并——反兼并斗争"这条主线推动着历史的发展，另一边是我们周围的那些游牧民族不断地融入。大同理想所产生的强大的向心力，使得我们的国家永远向往、永远追求大一统格局。这一特点可以说是中华五千年文明绵延不绝的一个根本原因。

第二个方面，大同思想对我们中华民族形成一种集体的观念、公共的观念、国家的观念起了非常大的作用。大同思想昭示我们：公共的利益、共同的利益是优先的，整体大于局部，集体大于个人，而国家利益高于一切。所以我们中国人非常认同而且非常崇尚大公无私、先公后私这样的美德。无论士大夫还是黎民百姓，大都具有天下意识、家国情怀。我们学过历史，都知道宋朝有个范仲淹，他说过要"先天下之忧而忧，后天下之乐而乐"；同样是宋朝，有个文人叫陆游，在快要死去的时候，他说他死了什么都能放下，唯独悲叹他的国家没有统一；清朝的顾炎武说"天下兴亡，匹夫有责"；毛泽东主席年轻时说过这样的话："天下者，我们的天下；国家者，我们的国家；社会者，我们的社会，我们不说谁说，我们不干谁干？"

第三个方面，我认为，大同理想对于中国选择马克思主义、选择社会主义道路起了非常大的作用。在近代中国，好多种主义都被试验过，如自由主义、无政府主义、资本主义等，都试验过。但为什么唯有马克思主义、社会主义的思想能够取胜、能够为中国人民所接纳呢？究其原因，当然跟当时的社会历史条件，跟社会的阶级基础，同时跟马克思主义理论的科学性有很大关系。但是通过我上面的介绍，大家可能已经意识到，其实社会主义、共产主义的社会理想和中国传统文化中的大同思想是高度契合的，我们中国走上社会主义的道路绝不是偶然的。

最后，中华传统文化中的大同思想还深深影响了我们北京师大附中。这一点大家都知道，"大同"这两个字都写进了我们的校歌。我们北京师大附中的校友在中国革命和建设的各个关键时刻都能够挺身而出，并且做出巨大贡献，他们必然受到了校歌中的大同思想的熏陶、引领。今天，当我们唱起校歌的时候，我们心中会不会升腾起理想信念之火，肩上会不会感受到责任使命之重呢？我想，答案就在每一位同学心中，更在每一位同学的行动中。

谢谢大家！

以史为鉴，开创未来

张明瑶

老师们，同学们，大家好！

1931 年 9 月 18 日，中国大地上发生了一件空前屈辱的事件。在日本关东军安排下，铁道"守备队"炸毁沈阳柳条湖附近日本修筑的"南满"铁路路轨，并栽赃嫁祸于中国军队。日军以此为借口，炮轰沈阳北大营，是为"九一八事变"。次日，日军侵占沈阳，而后短短 3 个多月的时间，整个东北三省彻底沦陷。1931 年 9 月 18 日，是 3000 多万东北父老屈辱的开始，这一天之后，是 14 年暗无天日的人间炼狱在等待着中国人民。

每一年的这时候我们都在谈耻辱的"九一八"，我们要让每一个后来人铭记那段历史。今天，我们就来共同总结一下到底是什么样的历史教训需要我们去铭记。

首先，我想先给大家讲一个小故事。狼来到小溪边，看见小羊正在那儿喝水。狼非常想吃小羊，就故意找茬儿，说："你把我喝的水弄脏了！你安的什么心？"小羊吃了一惊，温和地说："我怎么会把您喝的水弄脏呢？您站在上游，水是从您那儿流到我这儿来的，不是从我这儿流到您那儿去的。"狼气冲冲地说："就算这样吧，你总是个坏家伙！我听说，去年你在背地里说我的坏话！"可怜的小羊喊道："啊，亲爱的狼先生，那是不会有的事，去年我还没有生下来呐！"狼不想再争辩了，龇着牙，逼近小羊，大声嚷道："你这个小坏蛋！说我坏话的不是你就是你爸爸，反正都一样。"说着就向小羊身上扑去。

这其实就是强权者的嘴脸，他们永远穷凶极恶、面貌狰狞、蛮横无理！他们为了满足自己的利益，总是千方百计找借口，不论借口有多么荒诞。自导自演炸毁中国铁路，污蔑中国军队，发动"九一八事变"的日本关东军如此；1937 年以有士兵失踪为借口，攻打宛平城，发动震惊中外的"卢沟桥事变"的日军如此；在联合国手持一瓶不明白色粉末，号称在伊拉克发现大规模杀伤性武器，发动伊拉克战争的美国如此；以看错地图，将误炸作为借口，轰炸我国在南联盟大使馆的美国仍是如此。 在弱肉强食的环境下，和霸权主义者讲道理、讲正义是不够的，对强权政治心存幻想是不行的，唯有时刻保持清醒，唯有具有真正的实力才能生存，才能不挨打。

今天我们在这里以史为鉴，是要我们每一个同学都记住"落后就要挨打"！但是，我想问问同学们，是"落后"就一定要挨打吗？ 这样的逻辑真的正确吗？ 行得通吗？ 当年的东北真的落后吗？ 国内几位权威学者的统计资料显示，张作霖死后留给张学良的军队大概有 40 万之众！1930 年的资料显示，东北军仅步兵就有 25 个旅，骑兵 6 个旅，炮兵 10 个团，总兵力约计 40 万！当时，张学良统领的奉系军阀东北军在全国乃至亚洲都是排得上号的强军，在当时国内的各路军阀中，论起军事实力、兵员战斗力、装备、后勤配备、现代化程度等都是全国顶尖的。 而当年驻扎在东北地区"满铁"沿线的日本军仅有不到 2 万人，而就是这区区 2 万人的部队却仅用 3 个月的时间就拿下了东北三省。 那当年的中国人到底败在了哪里？ 我们败在了"攘外必先安内"的消极抵抗的政策之下。 因此，落后的是当时的国民党政府的精神力量，落后的是当年国民党政府的反抗斗志，落后的是我们没有拿出与敌人决一死战的勇气。 因此今天我们在这里反思，经济上、科技上、国防上的落后是一时的，但我们永远不能失去的是 "安得广厦千万间，大庇天下寒士俱欢颜"的胸怀；永远不能懈怠的是"人生自古谁无死，留取丹心照汗青"的决不屈服的豪迈气魄；永远不能忘记的是"万人操弓，共射一招，招无不中"的凝聚和团结的力量。

战争虽然已经过去，但是战争的伤痕犹在、警示犹在、教训犹在、记忆犹在。 勿忘昨天，无愧今天，不负明天，时刻怀揣着绝不服输的勇气，用行动担当起捍卫人类和平的伟大历史使命，是每一个新时代中国青年不可推卸的责任！

谢谢大家！

厚民力、固邦本，以为天下先

丁　昊

各位同学，老师们，大家好！

今天我的"国旗下演讲"的题目是《厚民力、固邦本，以为天下先》。

《尚书·五子之歌》记述大禹之训诫："民惟邦本，本固邦宁。"我国几千年悠久历史的文化遗产中，惠民利民、安民富民思想始终是古代国家治理和经济思想中的重要内容。今年①5 月 15 日习近平总书记在亚洲文明对话大会开幕式上也指出惠民利民、安民富民是中华文明鲜明的价值导向。从我国古代政治家、思想家和理财家的经济思想看，关于实现富民的途径，大体上包括了三个方面的内容。

第一，强调"民为邦本"的民本主义重农思想，主张不误农时地发展农业生产，以达到民富国强的目的。农产品是古代社会最重要的财富，而农业生产是形成财富的最主要途径。先秦时期，管仲曾明确提出了国家必须注意积谷备荒，国君应该减免赋役，给人民以休养生息的机会，鼓励农业生产。"民为邦本"的观念从汉、唐以来得到强化。唐太宗认为国库的丰实应以发展经济、使民富裕为前提。这种"厚民力、固邦本"的治国之道为历代统治者所沿袭。北宋政治家范仲淹常"以天下为己任"，认为"天下之化起于农亩"，只有"重农桑"，才能保证人民丰衣足食。这些

---

① 本篇演讲稿作于 2019 年。

都是把富民与重农结合起来，用鼓励人民致力农耕的办法来达到富民的目的。 人民富裕后能够有更多的资财投资于农耕生产，反过来又促进农业发展，提高生产效率，形成了农业生产的良性循环。 当今社会党和国家保障民生，落实支农惠农政策，精准扶贫；采取多项措施，确保丰收又增收；着力抓好农产品的产销衔接，实施好"互联网＋"农产品出村进城工程，让更多优质农产品产得好、卖得出、卖上好价钱；同时，保障农民工工资性收入，增加农民就近、就地就业机会，推动各项惠农政策落地。

第二，采取休养生息、轻徭薄赋的政策，倡导节俭厚民，切实减轻人民负担，以蓄养民力，培殖财源。 秦、隋"厚敛伤民"并导致亡国的教训历历在目，我国古代国家财政建立在赋税基础之上，如何把握征纳的尺度，审慎制订赋税制度，与国民经济的发展和国家政权的巩固关系甚大。墨子便强调减轻赋税徭役，不能"厚作敛于百姓"，加重人民的负担。 北宋后期政治家司马光宽恤于民，优先考虑农民利益，而后推出逐步恢复国家财力的养民经济政策。 经济思想家邱浚极力主张"省刑罚，薄税敛，宽力役，以为民造福"。 元代陈天祥更把百姓和国家的关系喻为血气和肤体的关系，认为当权者要爱护百姓，蓄养血气，使民富裕。 在新旧朝代更迭初期，由于战争连绵，社会长期处在动荡之中，人民饱受颠沛流离之苦，造成社会经济凋敝，统治者往往采取休养生息、轻徭薄赋的经济政策来稳定社会。 当今我国不断深化税制改革，以协调国家和人民的经济关系，个税起征点从之前的 3500 元/月上调至 5000 元/月，并推出子女教育、继续教育、大病医疗、住房贷款利息、住房租金以及赡养老人 6 项专项附加扣除，使中低收入家庭的税收负担大大减轻。

第三，实行农工商并举的措施，主张散利于民，广辟财源，全面发展社会经济。 先秦时期齐国管仲极力推行重农而兴商、全面发展社会经济的政策，"凡治国之道，必先富民"。 西汉杰出的理财家桑弘羊创造性地运用了管仲的理财思想，根据当时社会经济发展的需要和盐铁官营所取得的实际效果，充分肯定了工商业在社会生活中的重要作用，提出了"农商交易，以利本末"的思想，认为只有大力发展手工业，才能生产出更多的社会财富和提供更多的农业生产工具；只有大力发展商业，才能使物资得到流通和充分利用，增加国家的财政收入，促使农业及整个社会经济发展。农工商并举的经济思想在明清之际最为突出。明代政治家张居正在经济革新方面主张增强国力，深固邦本，节财爱民，使"百姓安乐，家给人足"。清初著名思想家唐甄在经济思想方面主张将富民作为治国的基本方针政策，指出"立国之道无他，惟在于富"，认为富民应把商业和农业放在同等重要的地位，官府更不应干预民间经济发展，要"因其自然之利而无以扰之"，以及"农安于田，贾安于市，财用足，礼义兴"。当政者更是不断减免田赋丁银，实行"盛世滋生人丁，永不加赋"的利民政策。

惠民利民、安民富民的经济思想和政策使唐、宋、明、清出现过繁荣盛世，经过历代的实践和总结发展，不断被融入治国政策之中，直至当今社会，仍旧一脉相承。纵观我们党 90 多年的奋斗历程，为人民谋幸福的初心从未动摇。党和国家领导人与群众聚在路旁村头谋发展，下到田间地头说增收，坐在堂前屋场拉家常。党员干部通过广泛深入地开展谈心、帮扶、调研、走访等活动，全面掌握基层动态，把握基层脉络，从群众的角度分析问题；维护人民群众的合法权益和生命健康安全，着力使全体人民学有所教、劳有所得、病有所医、老有所养、住有所居，建设和谐社会。惠民利民、安民富民表现出人民在国家政治体系中的重要地位，揭示了深刻的执政规律，约束了政治权力，顺应了民意，维护了社会秩序和国家稳定，使中华民族得以长期雄踞于世界民族之林。

谢谢大家！

我爱你,中国

李　静

尊敬的各位老师,亲爱的同学们,大家好!

明天 9 月 30 日是中国烈士纪念日,后天 10 月 1 日是新中国成立七十周年①纪念日。 在这个特别的日子里,在全校师生面前,在国旗下,应该说些什么呢?

要问最近被反复唱响的歌曲是哪几首,你一定会毫不迟疑地回答:《我爱你,中国》《我和我的祖国》。 这些歌曲不仅回荡在中国大地上,而且响起在世界上每一个有华人、华侨的地方。 每个人每一次唱起时都会不知不觉地被泪水浸湿眼眶,心潮澎湃,会感觉这些歌曲拉近了每一个中国人、每一个华人心与心的距离。 这是为什么? 因为我们热爱这个国家。 那么,什么是国家? 我们为什么要热爱国家? 我们应该怎样去热爱自己的国家呢?

对于什么是"国家",有很多不同的解释,今天我以我们国家是如何产生的作为逻辑起点来梳理这个问题。 每一个中国人都为我们拥有 5000 年悠久的文明史而自豪,文明产生的标志之一就是国家的出现。 在部落内阶级矛盾和部落间战争的双重作用下,逐渐出现了政府、军队和监狱等强制机关,国家开始形成。 出于记事和管理的需要,文字产生了,文明出现

① 本篇演讲稿作于 2019 年。

了。国家的职能是，对外保卫家园，对内维护秩序。其目标是使本国人民能够生存、繁衍。其运行机制是统治者通过政府、军队和监狱等国家机器保卫其成员生存的空间即疆域不受侵犯，内部秩序稳定，使成员能够生存、发展。说到这里，"我们为什么要热爱国家"这个问题就有答案了。作为生物学意义上的人，我们必须有一定的空间以获取生存和发展的物质条件；作为社会学意义上的人，我们必须有慰藉心灵的精神家园以获得生存和发展的精神力量，而这一切都来源于国家。

那么应该怎样去热爱自己的国家呢？我们从内容、层次、范围、历史实践等维度展开思考。

从内容看，国家包含着三大相互依存的要素：疆域，即以土地山川为基础的空间实体；人，即以共同历史和血缘联系为基础的社会群体；精神文化实体，即政府在实施管理过程中而形成的思想文化和典章制度。由此可知，爱国就是：我们要为实现、捍卫国家疆域的统一而奋斗，关心、爱护我们生存的自然环境；关注、热爱与我们生活在一起的家人、同伴、国人；热爱代表人民和中华民族利益和要求的各级政府、源远流长的中华文化、不断创新发展的制度，并积极贡献自己的聪明才智。

从层次看，爱国可分为情感、意识、行为三个层面。在生产力不发达的时候，人们组成群体向自然索取生存资料，对国家价值的认识处于满足生理和安全需要的阶段，因此对自己定居的乡土有了一种心理上的依恋，这是情感层面的爱国，也是爱国主义的基础。随着生产力发展、分工细化等，人的价值以其社会价值和自我价值表现出来，爱国情感由此上升到了爱国意识，体现为民族的自尊心、自信心、自豪感和对自己祖国命运的关心。随着社会交往的扩大与频繁，人们产生了自我实现的需要，认识到了个人和社会的统一，自我价值和社会价值的统一，从而推动了人们的爱国意识上升为爱国的行为，体现在社会生活中，就是把个人利益和国家利益联系起来，并以忠于国家为重。其具体表现，一是不甘屈服的"志气"，外化为与敌人血战到底的实践；二是不甘落后的"骨气"，外化为不断探索国家富强出路的实践。

在我们强调爱国主义的同时，要注意与狭隘民族主义划清界限。允许一个人热爱自己祖国的同时，也要允许其他人热爱他们的祖国。极端民族主义者不能宽容他人对其民族与祖国的忠诚，认为世界只有一个民族、一个国家是最优越的，那就是极端民族主义者自己的国家。真正的爱国主义相信所有人生而平等，拥有不可剥夺的权利，所以拥护世界和平，追求共同发展。

近代以来，面对列强侵略，中国各阶层前赴后继，为民族独立、国家富强而奋斗，其斗争精神和实践值得尊敬，但因在爱国的三个层面认识上存在不同的问题而未能完成使命。历史实践证明，中国共产党以马克思主义为指导建构自己的爱国主义意识，把马克思主义与中国实际相结合，实事求是地制订自己的方针、政策，其在行为层面既能凝聚民族智慧，又能顺乎世界之大潮。中国革命和建设的爱国主义实践证明，中国共产党能够肩负起全民族爱国主义实践的领导重任。

近代以来，无数英烈用他们的行动、生命诠释了如何热爱这个国家。当外敌入侵时，他们浴血奋战，以生命捍卫国家领土主权；当反动政府压迫人民时，他们挺身而出，以生命为人民争取自由、平等；当国家一穷二白时，他们以智慧和生命，探索科技强国之路；当人民生命、财产受到侵害时，他们不惧风险，以生命守护一方平安；当世界出现局部冲突时，他们代表中国参与维和，以爱心和生命帮助受害的平民百姓。他们是以国家利益为重、践行爱国主义的典范，国家和人民将永远铭记。2014年8月31日，国家以法律的形式将每年的9月30日设立为中国烈士纪念日。

沧海桑田，国家存在的目的未变，始终围绕着"生存和发展"这一主题，但"生存和发展"的主体在变。今天，国家的一切工作都是围绕着"中华民族的生存和发展"而展开，国家的各项改革也是以此为中心。

作为新时代的爱国青年，对内，我们的首要任务是铸牢中华民族共同体意识。习近平总书记指出，我们的"国土富饶辽阔，这是各族先民留给我们的神圣故土，也是中华民族赖以生存发展的美丽家园"。对外，我们倡导"人类命运共同体"意识。在经济全球化的背景下，一个国家采取有利于全球利益的举措，也就同时服务了自身利益。

同学们，"我爱你，中国"不仅仅是一句歌词，更是我们力量的源泉。为了民族复兴，奋斗吧！

谢谢大家！

牢记历史，振兴中华

郭云天

尊敬的老师，亲爱的同学们，大家好！

今天我演讲的题目是《牢记历史，振兴中华》。

89 年前①的 1931 年 9 月 18 日夜，盘踞在中国东北的日本关东军按照精心策划的阴谋，由铁道"守备队"炸毁沈阳柳条湖附近日本修筑的"南满"铁路路轨，并栽赃嫁祸于中国军队，炮轰沈阳北大营，制造了震惊中外的"九一八事变"，发动了蓄谋已久的侵华战争。在战争期间，中国大片土地沦陷，3500 多万同胞伤亡。日本侵略者残酷杀戮，践踏了我们祖国的大好河山，留下了满目疮痍的土地和流离失所的同胞。中国人民经过长达 14 年的抗争，在 1945 年取得了抗日战争的全面胜利。

回望历史，东北军撤退是国耻，东北三省沦陷是国耻。当时的中国内忧外患，历经多年的军阀混战，积贫积弱；权贵勾结，腐败盛行；各自为政，国难当头却以个人利益为先。一方面国民政府不予抵抗，幻想欧美干预；另一方面蒋介石为维护独裁统治和大地主、大资本家的利益，鼓吹"攘外必先安内"，一心要剿灭代表工农利益的共产党。所以国民政府让 20 万东北军不做任何抵抗撤回关内，从而助长了日本军国主义的扩张野心，导致东北全面沦陷。

---

① 本篇演讲稿作于 2020 年。

"九一八事变"的发生不是偶然的，它是日本帝国主义为了吞并中国、称霸亚洲及太平洋地区而采取的一个蓄谋已久的重要侵略步骤。这一事件揭开了日本对中国进而对亚洲及太平洋地区全面武装侵略的序幕。历史深刻警醒，国与国之间的竞争是国家实力的竞争，"落后就要挨打"是古老中国弱则被辱的沉痛教训。

我们要铭记历史，不忘"天下虽安，忘战必危"的历史教训。同时我们还要注重民族精神的培养，要有"天下兴亡，匹夫有责"的爱国情怀，视死如归、宁死不屈的民族气节，不畏强暴、血战到底的英雄气概，百折不挠、坚忍不拔的必胜信念——这是伟大的抗战精神，这是中国人民弥足珍贵的精神财富，这是新时代越是艰险越向前的猎猎旌旗。

9 月 18 日是国耻日，也是纪念日，更是伟大的中华民族觉醒日，从被迫发出最后的吼声到中国已经拥有真正的震慑力量，中国走过了一段振奋人心的难忘历程。从戈壁滩上升起的第一朵"蘑菇云"到共和国七十年盛典时列队缓缓驶过天安门广场的"东风"洲际导弹，我们向世界宣告"中国人民站了起来，中华民族被欺辱的日子一去不返了"。

当今世界，随着中美关系的发展，两国共同利益不断增多，两国关系中的矛盾分歧点也越来越多。中美关系的紧张先从经贸关系开始，美国的很多做法让全体中国同胞感到非常愤怒，"点杀"中国科技企业龙头，企图锁死中国的科技发展，进一步遏制中国的发展。2020 年，谷歌宣布将对华为断供，这意味着什么呢？这意味着，华为的手机从此以后不能再升级自己的系统，这样的做法在某种意义上来讲让华为陷入严重的危机，这对一个企业来说无疑是致命的，但谁也没有想到，华为却做出了一个任何人都想不到的举动。2019 年 8 月 9 日，华为正式向全球发布了全新的自有系统 HarmonyOS 鸿蒙——这实在是一个令人振奋的消息。"落后就要挨打"是历史铁律，这句话适用于任何时代，只有自己强大起来，才不惧他人的觊觎。中国不可能永远被动受牵制，我们需要一款自己的东西来告诉世界：就算没有你们，我们也能做得出来，而且会比你的更好。 这不是一句大话、空话，而是对中国自有品牌的信心。 怎样面对日新月异的世界呢？ 树立忧患意识，先行自主地开发和研究，在竞争中谋取生存之道是华为制胜的法宝。

华为消费者业务 CEO（首席执行官）余承东在华为 2020 开发者大会上，掷地有声地说："没有人能够熄灭漫天星光，每一位开发者，都是华为要聚汇的星星之火。 星星之火，可以燎原。"我们为华为这样的中国民族企业不向美国屈服点赞！

今天，回望"九一八"，是提醒我们中国人民勿忘国耻，从历史中汲取力量，凝聚全民族的意志；是警示人民居安思危，盛世更要警钟长鸣；是缅怀先烈，致敬铮铮铁骨！回望"九一八"，是中华民族伟大复兴的强大精神动力。

前事不忘，后事之师，让我们铭记历史，以天下为己任，努力学习，振兴中华，去实现中华民族的伟大复兴！

谢谢大家！

家国情怀

李凤先

老师们，同学们，大家好！

世界上的文明有很多，中华文明有什么样的特点呢？英国历史学家汤因比认为：在近 6000 年的人类历史上，出现过 23 个文明形态，但是在全世界只有中国的文化体系是长期延续发展而从未中断过的。也就是说，中华文明是唯一没有中断的文明，在源远流长的中华文明的历史上，有一种把中华民族紧密团结在一起的精神力量，那就是家国情怀。今天我和同学们分享的就是中华民族优秀传统文化的重要内涵——家国情怀。

什么是家国情怀？《孟子》有言："天下之本在国，国之本在家，家之本在身。"《礼记》中提到了"修身、齐家、治国、平天下"。这种把国家与家庭、社会与个人联系在一起的情怀就是家国情怀。

唐朝安史之乱后，杜甫写下了"烽火连三月，家书抵万金"的名句，寄托了他对家的思念，对国家的忧患意识；北宋陆游的"王师北定中原日，家祭无忘告乃翁"，饱含了陆游对国家的期望。这就是中国古代文人、士大夫心中的家国天下。范仲淹主张"先天下之忧而忧，后天下之乐而乐"，顾炎武提出"天下兴亡，匹夫有责"，这种文化自觉就是家国情怀。

这种"修身、齐家、治国、平天下"的家国情怀，植根于中国人的骨子里，在历史长河中传承数千年，在危难之中爆发出巨大的力量。

近代，鸦片战争、第二次鸦片战争、甲午中日战争、八国联军侵华……一次次的侵略战争，使中国陷入苦难的深渊中。近代中国的苦难，激起了一代代中国人的危机意识。这种意识是一种积极参与社会变革的忧国忧民的精神，推动着社会不断发展，激励着中华民族不断觉醒，奋发图强。

同学们还记得魏源的《海国图志》吧？书中"师夷长技以制夷"的思想，成了近代中国向西方学习进程中的思想先导和近代中国社会变革的先声。魏源通过这种方式寻求强国之路，引导人们关注形势。从他自撰的对联"读古人书，求修身道；友天下士，谋救国方"中，可以看出他以天下为己任的壮阔胸怀。读书、修身、友士，其最终目标是谋求救国之方，救国正是近代中国处于危亡之际，众多中国人的选择。

青年时代的孙中山先生目睹山河破碎、生灵涂炭，誓言"亟拯斯民于水火，切扶大厦之将倾"，第一个响亮喊出"振兴中华"的口号。孙中山先生的革命生涯屡经挫折、备尝艰辛，但他从不因失败而灰心，也从不因困难而退缩，直到卧病弥留之际，他念念不忘的仍是"和平、奋斗、救中国"。孙中山先生以毕生奋斗践行了他的誓言。洋务运动、戊戌变法、辛亥革命……一次次抗争都未能改变中国人民的悲惨命运，民族复兴的梦想依然遥不可及。青年时代的毛泽东也在思考何术可以"救天下之难"。

14 年抗战烽火，无数仁人志士为国家前途和民族命运而抗争，吉鸿昌临刑前，写下了浩然正气的绝命诗："恨不抗日死，留作今日羞。国破尚如此，我何惜此头！"短短 20 个字，千钧万力，把不计个人荣辱的精神和视死如归的品质留给了后人。"恐十年不能回家""将全力贡献革命"，八路军副总参谋长左权在苏联学习时常致信母亲，直到牺牲都没能履行与母亲的"十年之约"。"决以一死，以报国家"，这是抗日将领戴安澜留下的遗言。他们的爱国之情、报国之志，催人泪下，激荡心肠。

正是他们的思考、他们的浴血奋战，才使中国历经磨难而奋发图强，最终走向辉煌……

2020 年对于中国来说是难忘的，人们不会忘记，80 多岁高龄的钟南山挤上高铁餐车，星夜兼程，赶赴武汉；70 多岁的张伯礼在胆囊摘除手术后第三天就投入工作；张定宇在自己身患渐冻症、妻子感染的情况下，仍战斗在与病毒斗争的第一线；陈薇临危受命，率队紧急赶赴武汉，夜以继日执行科研攻关和防控指导任务。人们不会忘记火神山、雷神山医院拔地而起的神速，不会忘记 14 亿中国人"宅"在家里的自觉配合。这种伟大的抗疫精神彰显的就是举国同心的家国情怀。人们的家国情怀彰显为生命护航的大爱情怀，在中国人民手中，诸多的不可能成为可能，变成"一定能"。

家国情怀就像川流不息的江河，它滋润着每个中国人的精神家园。同学们，我们的校友赵世炎和钱学森已经为同学们做出了榜样，相信同学们在爱国精神和科学精神的引领下，能够勇敢地承担起自己的责任和使命。

谢谢大家！

青年人的担当

王　文

老师们，同学们，大家好！

我今天演讲的题目是《青年人的担当》。

青年人，是国家和民族的希望。青年时期，也是人一生中精力、体力、创造力最为充沛的阶段，是人形成世界观、价值观的黄金时期。这一点，我们可以从古人那里得到许多例证。

孔子曾云："吾十有五而至于学。"这里，我们不能简单把这句话理解为，孔子在十五岁的时候就立志要好好学习，这样的理解未免有些浅薄。孔子这里表达的真正意思可能是，他在十五岁时就已经明确了志向，因此，他在十五岁时就知道他为何而学了。那么这个志向是什么呢?《论语》中记载过这样一件事：话说有一天，颜回、子路侍奉在孔子身边，孔子问了他们二人的志向，最后孔子说自己的志向为："老者安之，朋友信之，少者怀之。"用现在一个流行语来解释就是，孔子希望创建一个和谐社会。尽管我们知道孔子的这个志向在当时并没有实现，但他确实终身践行他这个志向，无论是通过直接参与政治，还是通过教授学生，完成思想传承，他做的事都反映了其年少时的志向。

除了孔子，还有很多前人，其志向都在年少时便已确立。如诸葛武侯在年少时便自比管仲、乐毅，最后终成一代贤相，青史留名；岳武穆在十余岁时便立志精忠报国；而孙中山先生更是在青少年时期就立志推翻清王朝，思考如何使中国富庶、强大。这些历史上的伟人们在青少年时期，便将国家安危放在心头，为使自己的国家变得更好而努力。每当读到这些历史伟人的事迹时，我都有"高山仰止，景行行止。虽不能至，然心向往之"之感。再回想起自己十余岁时想的事情，则备感汗颜。

来到北京师大附中教书已近两年，青年学生的表现令我既喜又忧。喜的是，当我讲到近代中国人为中华崛起而奋斗时，很多同学也有热血沸腾之感；当我讲到抗日战争中中国军民殊死奋战时，也有一些同学流泪；当我讲到五四、"一二·九"这类的青年学生运动时，很多同学表现出了向往的神情。没错，青年学生在国家遭到重大危机时，一直是冲在最前面的。因为他们的爱国之心最为纯粹，表达感情的方式最为直接，尽管有时青年学生也会出现偏激的情况，但那份对于国家的热爱，那份对于国家的担当，正是我们今天青年学生需要继承发扬的。

与此同时，也有一些同学的表现令我忧虑万分。有些同学在老师讲抗日战争的课上哗众取宠，随意开一些很不妥的玩笑，殊不知这种举动得到的绝不会是老师与同学们正面的关注，只会是对你个人的差评。此外，有的同学也存在意志消沉，内心空虚，沉迷于网络、游戏、影视剧，找不到人生目标的情况；有的同学认为钱才是衡量一个人是否成功的唯一标准，存在攀比心理。这些都是我在这两年中观察到的不良现象。

我认为，进入北京师大附中学习的各位同学，你们须明确一点：今日你们来到北京师大附中读书，明日你们就要成为社会的栋梁。北京师大附中不是培养庸人的地方，当你们走出北京师大附中时，要时刻谨记：你们就是中国社会的未来，你们要将我们的国家变得更好。只有当你们拥有这样的担当，你们才是真正合格的北京师大附中人，才会真正让老师感到欣慰。所以当我看到北京师大附中的孩子拥有一个青年人该有的担当时，会无比欣慰；看到北京师大附中的孩子整天浑浑噩噩时，才会备感忧心。 因为你们肩负起自己的使命，才是国家真正的希望。

最后，我想用毛主席的一句话来结束这次演讲："世界是你们的，也是我们的，但是归根结底是你们的！"

谢谢大家！

天下兴亡，匹夫有责

刘　好

老师们，同学们，大家好！

2018 年 5 月 15 日，终于可以释放已压抑数日的兴奋，高二年级共 400 多名同学，兵分两路，坐上去往南京和延安的火车。我原本期待着江南的杏花微雨，最终看到的却是一种更为厚重的东西。

在拥挤嘈杂的火车站里，与欢快嬉笑着的同学们形成反差的，是来自全国各地的旅人。其中有老人家，面色疲惫，却只能席地而坐，一只手勉强捏捏酸胀的双腿，另一只手却仍紧按在斜挎包上。候车的时候，几个人从队伍旁挤过。其中一个中年男子一只手拖着一个有轮的铁架子，上面放着一个齐腰高的大纸箱，纸箱上面又横放着一个半人高的大旅行箱，肩上还背着一个满满的、比他本人还宽的双肩背包，背带上还有白色的印子。他无心管满头的汗，因为另一只手还要紧紧捏住手机和火车票。

他走过之后，我们几个同学不禁感叹这真是位"能人"。不过我想，他力能扛鼎的能力不是教练教他的，而是生活教他的。

这些旅人，我在他们的眼中看到了疲惫和迷茫。他们在这片大地上奔波，在完全陌生的环境里赤手空拳地闯生活。其间没有导游，没有地陪，他们吃的每一口饭，走的每一步路，都只能靠自己。或许他们已经拼尽全力，却仍过着最平凡的生活。他们当中有人没有机会受到很好的学校教育，但在生活这个课堂里，他们是我们的前辈。

抵达南京后，行程第一站是参观侵华日军南京大屠杀遇难同胞纪念馆。

纪念馆建在江东门万人坑遗址上，至今仍保持着原本的挖掘现场。无论怎样不忍看到，不愿想起，但他们就在那里。他们中有婴孩，有少女，有青年，有老人。他们是那个时代的普通人，就和现在的我们一样。他们的人生是什么样的？他们在哪里降生，在哪里长大？他们是谁的父亲、母亲，是谁的孩子，是谁的爱人，又是谁的挚友？他们有怎样的理想？他们的未来原本有无限种可能，但就在那一天，什么都没有了，一切的可能性都不存在了。他们当中，有没有人像火车站里的旅人一样，拼尽全力，却仍过着最平凡的生活？他们当中，有没有人像你我一样的同窗，有着各自的欢喜和梦想？

这样看来，生活真的很残忍，对吗？

但依旧有人直面残忍，没有放弃。

以约翰·拉贝、马吉牧师为代表的外籍人士，他们本可以利用身份安全地躲开浩劫。但恰恰相反，他们正是用着特殊的身份，从屠刀之下救出了数十万人。在他们身上，我们看到在充斥着仇恨和恶的战争里，亦有人性的大爱光辉闪烁。

南京火车站保卫战中，川军为了抵抗日军的坦克，十七八岁的士兵身前顶着打湿的棉被，排着队朝坦克冲。前面的士兵一个接一个倒下，让身后背着炸药包的战友有机会接近坦克。双方军备悬殊，我们的军人，是这样以血肉之驱为代价。

正因有无数这样的无名英雄牺牲，当我看到日军战争损耗时，我看到的，是每一辆坦克、每一架机关枪背后无数年轻的生命。但我不解的是，前面倒下的战士，完全不知道后面的战友最终能不能炸毁坦克，也就是说，自己的牺牲，到底能带来多少价值，没有人知道。如果把骇人的伤亡数据，定位到每一个人身上，那么他在面临生死抉择的时候，到底需要多大的勇气，才能把自己的性命作为赌注？

疑问得以解决，是在行程的最后一站，岳王庙。

当看到岳飞像上方的四字狂草时，一切尽在不言中。

"还我河山。"还我河山！

一千年前，一百年前，中国人都怀着这相同的信念。因为这信念，每一个人都知道自己的牺牲是有价值的，领头的士兵可以信任背后的战友，甚至以性命相托。

川军的死字旗上，写着"国家兴亡，匹夫有分"。万分有幸，我们的十七八岁，不用在生死边缘苟活。我们有机会坐下来谈谈理想，而不是煎熬地活在死亡阴影下。这一切都建立在国泰民安的基础上。作为新一代的中国青年，我们有责任尽一切努力避免悲剧再次发生，让孩童不再恐惧，让母亲不再泣叹，让和平洒满人间。

"愿中国青年都摆脱冷气，只是向上走，不必听自暴自弃者流的话。能做事的做事，能发声的发声。有一分热，发一分光，就令萤火一般，也可以在黑暗里发一点光，不必等候炬火。"鲁迅的这番话，至今依然适用。

无论这个世界是否是我们理想中的样子，我们都不能忘记自己的来处，把民族的历史记在心里，把民族的未来担在肩上。为天地立心，为生民立命，为往圣继绝学，为万世开太平！

谢谢大家！

虽千万人吾往矣

廉　莲

各位老师，各位同学，大家好！

我是语文组的廉莲老师，今天我演讲的题目是《虽千万人吾往矣》，也就是说一说什么是责任与担当。

说起责任与担当这两个词，相信各位同学并不陌生。责任就是分内应做的事，担当就是负起责任。责任与担当是中华民族的优良传统，在不同的历史时期，其内涵虽有所不同，但其本质是相通的，即立足本职，尽职尽责，牢记使命，勇于承担。

这种责任与担当在历史上是身处乱世的孟子"穷则独善其身，达则兼济天下"的人格修炼；是诸葛亮受遗辅政"鞠躬尽瘁，死而后已"的忠臣义士之节；是杜甫身居陋室"安得广厦千万间，大庇天下寒士俱欢颜"的济世情怀；是范仲淹心系天下"先天下之忧而忧，后天下之乐而乐"的忧国忧民之志；是顾炎武对家国苍生"天下兴亡，匹夫有责"义不容辞的责任；是林则徐大厦倾危之际"苟利国家生死以，岂因祸福避趋之"的无私无畏……也正是因为有了这种责任与担当，才有了"遥知百战胜，定扫鬼方还"的决绝，"谓我不愧君，青鸟明丹心"的赤诚，"驰驱一世豪杰，相与济时艰"的豪气，"封侯非我意，但愿海波平"的纯粹。

近代中国百年的屈辱史中，亦有无数仁人志士为了救亡图存而抛头颅、洒热血，前赴后继。"戊戌六君子"之一的谭嗣同说着"各国变法无不从流血而成，今日中国未闻有因变法而流血者，此国之所以不昌也。 有之，请自嗣同始"，毅然以死相殉维新变法事业；"黄花岗七十二烈士"之一的林觉民面对"遍地腥云，满街狼犬"的社会现实而"牺牲吾身为天下人谋永福"，为推翻腐朽的清朝封建统治而献出宝贵的生命；有中国共产党早期主要领导人之一的瞿秋白，怀着"为大家辟一条光明的路"的使命感，积极领导党的革命工作，被捕后在被执行枪决的公园草坪盘膝而坐，说"此地很好"，从容就义……

正是因为有了这些前辈们为了责任与担当殒身不恤，才换来了今天我们来之不易的幸福生活。 时间长河奔腾不息，时至今日，我们国家早已结束了那段屈辱的历史，一步步富强起来，并站在了新的历史起点。 今年是"十四五"的开局之年，我们乘势而上，开启全面建设社会主义现代化国家的新征程，向第二个百年奋斗目标进军。 作为整个社会中最积极、最有生气的力量，广大青年应当坚定"志不求易者成，事不避难者进"的勇气和信念，志存高远，攻坚克难，勇于担当，做走在时代前列的奋进者、开拓者、奉献者，同亿万人民一道，在矢志奋斗中谱写新时代的青春之歌。

可喜的是广大青年也用行动证明，新时代的中国青年是好样的，是堪当大任的！ 在祖国广袤的大地上，在脱贫攻坚的战场上，在科技创新的各领域，在祖国和人民最需要的地方，广大青年燃烧青春、勇挑重担，保持着朝气蓬勃的英姿，青年人奋斗的身影成为亮丽的风景。 "嫦娥五号"探月取壤的征程上，"80 后""90 后"已经成为托举"嫦娥"的中坚力量，擎起了中国航天的未来；开山岛上的年轻人接过守岛接力棒，用青春奋斗续写爱国奉献的崭新篇章；扎根农村的扶贫干部把"办公室"搬到田间地头，用坚定脚步丈量脱贫攻坚之路；在故宫博物院深耕的年轻人，以匠心独运的创造，让古老的紫禁城焕发新的活力……

尤其是在刚刚过去的 2020 年，面对突如其来的新冠肺炎疫情，青年一代冲锋在前，在 4.2 万名驰援湖北的医护人员中，就有 1.2 万名是"90

后"，其中相当一部分还是"95后"，甚至"00后"。他们义无反顾地冲锋在抗疫第一线，以生命赴使命，用挚爱护苍生，将涓滴之力汇聚成磅礴伟力，构筑起守护生命的铜墙铁壁，让世人见证了敢于担当、甘于奉献的青春力量。

各行各业的青年把理想和抱负熔铸于脚踏实地的奋斗，实现了自己的人生价值，也为国家发展和社会进步不断注入正能量。挺身而出的青春担当，开拓创新的青春智慧，脚踏实地的青春奉献，展现了新时代青年奋勇争先的群像。

在不久的将来，谱写历史的接力棒即将交到在场的每一位青年手中。如今的你们，既面临着实现自己人生价值的时代机遇，也肩负着推进中华民族伟大复兴的历史使命，所以更要明确自己肩负的责任，不做娇滴滴的一代，不当"长不大的孩子"，不能两耳不闻窗外事，一心只读圣贤书，更不能做精致的利己主义者和麻木的看客。你们要秉承鲁迅先生"无尽的远方，无数的人们，都与我有关"的责任感。风声、雨声、读书声，声声入耳；家事、国事、天下事，事事关心。青年人要自觉，要行动起来，努力学习，增长本领，树立起远大的志向，承担起建设祖国的重任，与时代相辉映，与祖国共奋进。

愿在场的各位青年，都能牢记百年前李大钊先生振聋发聩的声音："国家不可一日无青年，青年不可一日无觉醒。此则系乎青年之自觉何如耳！"

愿我当代中国之青年，肩负责任，勇于担当。

"进前而勿顾后，背黑暗而向光明，

为世界进文明，为人类造幸福。

以青春之我，创建青春之家庭，

青春之国家，青春之民族，

青春之人类，青春之地球，

青春之宇宙，资以乐其无涯之生。"

谢谢大家！

文化血脉，精神家园

仓颉灵感不灭，美丽汉字不老

吴学宁

老师们，同学们，大家好！

汉字，是中华民族的一个伟大创造，古老而精深，历久而弥新。

汉字的诞生，是人类文明史上的伟大事件。东汉学者王充论说汉字的创制是光昭日月、功盖天地的宏业："天地为图书，仓颉作文字，业与天地同，指与鬼神合。"（《论衡·感虚篇》）

仓颉造字，无需究其有无，汉字的亘古历史，却是确凿的，汉字的魅力，也是公认的。据目前的考古考证，汉字的出现，大约在 6000 年以前。仓颉的神异，汉字的奇妙，如同世界其他许多民族将文字的发生归诸"神圣类型"一样，是现实事物的非现实反映，是后人对先民创造力的崇拜与解释。回眸千古华夏，汉字走过甲骨成泥、钟鼎斑驳、竹简绢帛风蚀凋残的岁月，终于繁衍成恢弘璀璨、阵容强大、意蕴丰厚的方块字。可以说，从汉字的初创、确认、使用到逐渐规范统一，经过了漫长岁月的淘漉，贡献了无数代人的聪明才智。汉字的整个发展过程，就是中华民族智慧的积淀过程。

汉字经过数千年的发展，对称而参差，音韵铿锵，口语与书面语高度分离，虽声无定而字却千年不变，我们至今可以读懂先秦两汉之书。汉字达意生动，传神形象，富有乐感和神韵，追求言外之意、象外之旨、韵外之致，文字有限，却可以造词无限。汉字书写讲究行文笔至气吞，云容水态，意境深远，其妙堪与造化争奇。鲁迅先生曾说过汉字有"三美"：音美以感耳，形美以感目，意美以感心。

汉字的发音变幻莫测，极富音乐性。四种声调再加轻声、变调之外，还得讲究轻、重、缓、急、抑、扬、顿、挫。同样一篇文章，有人读得铿锵有力，有人读得平淡无奇，有人读得悦耳流畅，也有人读得含混不清。我曾记得有一位同学在课堂上朗读戴望舒的《雨巷》，那平缓的语调娓娓引出泛着暗淡灯光的朦胧小巷，那略显惆怅的沙哑是对如烟往事剪不断、理还乱的追忆，那若有若无的哽咽更勾起人心灵深处尘封的往事。一诗读完，全班都沉浸其中……

汉字的形美同样不可抗拒。历代优秀的书法家灿若繁星，各具风采。王羲之，飘逸俊朗；颜真卿，粗犷豪放；柳公权，华美灵巧……汉字的形与义有着千丝万缕的联系，足以让稍有想象力的人展开无尽的遐思："笑"字，活泼可爱；"哭"字，愁眉苦脸；"巍峨"，山的高大顿现眼前；"妩媚"，少女的娇颜潜入心底。印度前总理尼赫鲁曾经这样勉励他的女儿："世界上有一个伟大的国家，她的每一个字，都是一首优美的诗，一幅美丽的画，你要好好地学习。我说的这个国家就是中国。"

汉字的音、形、义的独特魅力，足以让每一颗接近它的心生出热爱。如日本人，他们对中国汉字历来兴趣极高，不但在本民族的文字中拼命汲取汉字的精髓，还不断地举办各种形式的汉字文化交流。据说日本民间曾对汉字选美，夺魁的是"梦"字，入选"佳丽"还有"雪""柔"等。

都说"读书先认字"，汉字还是中华文化存在的基础。中华文明能够持续发展，始终保持着旺盛的生命力，就和汉字文化的发展有密切的联系。从千古绝唱的诗词歌赋，到功垂青史的史书传记；从笔走龙蛇的书法写意，到梅兰竹菊的纸身墨影。借着汉字形外有形而又敛放有致之绝美，中国诗词、绘画、建筑乃至哲学之玄妙，几可一通百通。汉字是记载了中华文化的史诗，是中华思想奔流的河床。

21 世纪的今天，随着时代的快速发展，汉字的书写方式发生了两次重大的变化，一是从软笔到硬笔，二是从书写到输入。两次变化都深刻地改变了我们应用汉字的方式。当然，简体字成为规范的正体字也是汉字重大的深刻变化。今天简体字是全球汉字应用的主流，也是汉字的现代规范写法。这些变化之中，不变的是汉字本身。如今，虽然汉字的普及程度即识字率比过去任何一个时代都大大提高，斗大的字不识一个的人少了，但我们对汉字的使用却大不如前，胡乱书写的情况很多，遣词造句的水平更是下降。我们常常能看见，一条微博不过一百多字，但这一百多字却缺乏美感、乏味、单调，常出现成语使用不当、错别字等现象。还有一种情况更为普遍，那就是提笔忘字，认得字却想不起如何书写。技术的发展带来了便利，电脑打字、语音输入让撰写文章、与他人交流都变得更为快捷，但同时，这种便捷却无形中阻碍了我们对汉字的兴趣。以音求字的书写方式让汉字变得拼音化，而追求速度的心态让我们一味求快，却忽视了汉字本身的意蕴。莫言就曾说过，使用电脑敲字撰文会使他常顺手选用电脑提供给他的一些词汇，而无法组织写出具有独特意蕴的新词汇，所以他最终放弃使用电脑进行创作。

我们总以为汉语、汉字是我们的基本技能，如同吃饭、走路一样无需投入过多精力学习。这种对汉字、汉语认识的偏差常导致我们主观地轻视学习汉字、汉语的重要性。当然我们也开始逐渐意识到传统文化的缺失，开始重视汉字的读写。《汉字英雄》《中国汉字听写大会》这些节目的开播和走红就是一个好的开始。这些节目唤起了国人对中国传统文化、对汉字的兴趣，营造了一种能熟练应用汉字、汉语的氛围，带动了人们深入学习汉字的积极性。

在场的每一名同学，你们是祖国的未来和希望，应该认识到汉字以丰厚、动态、亘古绵延的承载，为我们自信地创造未来提供了无限的可能性。汉字使我们不仅是国别意义上的中国人，更是极其深厚的文化意义上的中国人。希望每一名同学以还原每一个汉字的骨血、灵性、博蕴、品质为己任，让仓颉的灵感、汉字的魅力在我们的笔尖上、心田上永远绽放！

谢谢大家！

文以载道

商雪晴

各位老师、同学，大家好！

今天我演讲的题目是《文以载道》。

不论是走在繁华街头还是寻常巷陌，我们都经常会看到"中国特色"四个字。每当此时，我都不禁自问，"中国特色"到底是什么？在我看来，千百年来的中国文学是其中最不可忽视的维度之一。这不仅仅在于中国文学亘古绵长，而且还在于它始终带着观照社会的使命意识，承载着"道"的要义。西方常常以文学的审美功能，来区分文学与其他学科的差异，并且认为体现单纯的审美价值，才是真正的文学艺术。然而，如果拿这样一个标准来看待中国文学，我们会发现有很多难合之处。因为中国经典总是"文道统一"，深沉观照现实。

众所皆知，中国是一个诗歌王国，我们不妨先从诗歌说起。中国诗歌有着强大的抒情传统，但是所抒之情，不是纯粹的形而上的情绪，而是与客观现实息息相关。《诗经》开辟了中国现实主义文学的源头，其中的《硕鼠》有言："硕鼠硕鼠，无食我黍！三岁贯女，莫我肯顾。"这是对被剥削的下层百姓的现实写照。杜甫的诗歌被称为"诗史"，其中家喻户晓的一句"朱门酒肉臭，路有冻死骨"，揭露了当时社会残酷的阶层分化。陆游弥留之际所说的"王师北定中原日，家祭无忘告乃翁"，让我们看到了山河飘摇之时，他无力继续建功立业的至死遗恨。哪怕是神游天外的

"诗仙"李白、性情冷僻的"诗鬼"李贺，也时常抒发建功立业的强烈愿望。

散文方面更是如此，作为"载道"的直接载体，中国古代散文体现出强烈的政论色彩和干预精神。诸子散文纵横捭阖的谋略，从一开始就紧紧地与政治联系在一起；"发愤之作"《史记》不仅"述往事"，更"思来者"；唐朝浩浩荡荡的古文运动，韩愈和柳宗元高举"明道"和"贯道"两面大旗驰骋文坛；明清之际的黄宗羲以文写史，以史鉴文，他的《原道》敢言人之不敢言，自有一种狂飙卷地的力量。

即便是在中国古代并不算太发达的小说，也体现着强烈的批判意识。"四大谴责小说"，以社会上的丑恶现象和弊端构成情节的主要矛盾，用嬉笑怒骂的形式进行着犀利的批判；《红楼梦》之所以伟大，也绝非因为它描绘的闺阁闲情，而在于它深刻的批判力量，来源于对贵族家庭的兴衰际遇背后的政治、经济、伦理等一系列问题的揭示。

回顾中国文学几千年的发展历程，不难发现，我们的文学似乎从来都不是单纯的对艺术本身的痴迷和沉醉。从古至今，"文以载道"已经作为一种底色、一种根基，影响着中国文学的发展和走向。那么促成"文以载道"精神传统的根本动力是什么呢？不同于西方国家，中国人往往不相信人死后可以进入天堂。我们往往把对生命短暂、光阴易逝的遗憾都化为对现世价值的追寻。特别是在儒家文化的长期影响下，这种意义主要就体现为一种为家国天下、为苍生黎民的抱负和志向。这也是千百年来华夏民族文化认同的文脉。

尽管历史的车轮行进到现代，中国历经了一场翻天覆地的新文化运动。但我们仍旧可以骄傲地说，这种文学的责任，文人的担当，一贯的文脉始终未断。谨以鲁迅为例。阅读鲁迅，我们经常会思考一个问题：鲁迅为什么不写长篇小说？各种原因被考证和解读：忙于政治活动、演讲、时间仓促、精力不足甚至是英年早逝等，但很明显这些都不是最重要的原因。 一个显在的事实是，比起长篇小说，鲁迅更愿意写杂文，从 1918 年 9 月在《新青年》发表第一篇《随感录》，到逝世前一个月写下《死》，鲁迅的杂文创作历时 18 年，写出了约 80 万字。 无论是字数还是创作时间、精力，鲁迅对杂文的投入足以写成好几部长篇小说。 这说明鲁迅对于长篇小说是"能写"却"不写"。 至于原因，就像鲁迅自己说的，"我的取材，多采自病态社会的不幸的人们，意思是在揭出病苦，引起疗救的注意"。他用杂文作为投枪匕首介入社会现实：从农民问题、妇女问题到对国民性的批判、民族命运的探索等。 就像冯雪峰对鲁迅的评价那样："鲁迅十余本杂感集，对于中国社会与文化，比十余卷的长篇巨制也许更有价值，实际上更为大众所重视。"

今天我们的文学发展，形式越来越多样，文学所传达出的价值观念也越来越多样。 文学的蓬勃发展固然是好事，但是我们始终不能忘记文学创作的根本价值是什么。 国家的崛起、经济的飞速发展、生活的安稳让当下的中国已经和之前不可同日而语，但是一个发展中的国家的青年，不仅要在危亡时刻能够肩负起救国救民的责任，还要在安稳的生活状态中居安思危，保持反思的意识。 我们审视当下，如今的中国人有多少还愿意从文学中思考？ 当下的文学作品又有多少还因承载着思想启蒙而值得人们去品味？ 这才是我们如今重新回望载道传统的价值，也是真正静下心来反思当下文学发展的意义所在。

谢谢大家！

传统的意义

时习之

老师们，同学们，大家好！

刚刚过去的春节是我们中华民族的传统节日，在这个传统的节日期间有很多传统的做法，如放鞭炮、逛庙会、办社火、游行、祭祖等。这些传统活动不禁让我想到一个问题，在这个日新月异的时代，为什么这些传统活动还会吸引如此众多的群众去参与？为何我们要延续这些看似已经跟不上现代步伐的传统？

我试图从文化的角度去追寻这些传统。中国自古就非常重视传统的文化内涵，《六艺》当中的"礼"就是对传统行为和习俗的规范，学堂中讲述的"四书五经"更是对传统知识的反复咀嚼。在漫长的中国古代，传统作为一项重要的生活习惯被一代代人延续着。

从这些传统中不难发现，它们都有一个共同的特点，那就是都在宣扬一种对天下万物的博爱，都力图维护人们之间微妙的复杂情感。从《三字经》中"人之初，性本善"的宣言，到《千字文》中"天地玄黄，宇宙洪荒"的喟叹，再到具体行为中对尊老爱幼、与人为善的宣扬，繁冗的礼节中对上苍的感谢和对祖先的祭奠，无数的传统都在教人如何做人，如何学会感恩，如何理解天地万物。这些理解或许是滞后的，这些观点或许是迂腐的，这些做法或许是麻烦的，但它们的目的和作用都惊人地统一，那就是让人们生活得更加和谐。

　　然而，这个世界在飞速地发展，人们的价值观也在发生着变化，每天都有大量的新鲜事物挤压着日益缩小的传统空间。 乐观的人把它称作时代的进步，然而在我看来，改变是一定的，但进步未必。 试着想一想：当对号入座的排队行为替换掉了尊老爱幼、礼让为先的传统，我们除了感觉到生活的便利之外，有没有感觉到一份冰冷和麻木？ 当春节游玩的行为替换掉了回家团圆的传统，我们除了感觉到轻松和愉快之外，是否感觉到一丝孤身在外的寂寞？ 当自由平等的角色互换替换掉了尊敬师长的传统，我们在言语冲撞长辈的时候，是否心中也曾出现那么一点点的紧张和内疚？我们总是以时代进步的幌子对抗着很多沉淀已久的传统，像一个心灵刚刚被释放的囚徒，肆意妄为地摧毁着我们先人留下的文化大本营，我们除了能够得到一时的酣畅，还能得到什么？

　　时代在进步，并不代表着传统在退步；我们的民族需要创新，并不代表着我们应该摒弃传承。 没有了丰富多彩的文化传统，中国很难以文化大国的形象让世界尊敬；没有了"全人格、高素质"的育人传统，北京师大附中很难让一届届同学感受到学习的幸福感；没有了对枯燥乏味的基础知识学习的传统，我们在面对新科学、新技术的时候会手足无措，找不到切入点。 原来，传统是根本，是条件，是万丈高楼的基石，更是我们赖以发展的源泉。

　　元宵节的烟花，让我感到心灵的震撼。 当传统的社火和现代的焰色反应相结合，形成美丽的色彩的时候，我感受到了传统的地位和价值。 同学们，让我们在发展的时候，勿忘传统；在前行的时候，留意我们脚下的基石。

　　谢谢大家！

永恒的精神家园

刘美玲

老师们，同学们，大家好！

时间永是流逝，生活波澜不惊，又一个中秋假期在寒凉的秋意中悄然逝去。当我们再次回到奔波忙碌的学习与工作中，我想请问大家，已经过去的这个中秋节，在你心中可曾留下一点淡漠的文化记忆？

自从传统节日姗姗来迟地步入我们法定假日的行列，每年除了越来越寂寞的报纸和越来越热闹的网络媒体，还是会与时俱进地挖掘一些几乎已成点缀的节日习俗，和愈来愈淡漠的文化内涵，对于普通民众，传统节日的全部意义似乎就是一次假期的放松了。当人们对春节的期待就是一次象征性的年夜饭，一次又可以对食之无味、弃之可惜的"春晚"的"口诛笔伐"；当人们对中秋节、端午节的期待就是一次睡到自然醒的放松，一次走过路过什么都错过的旅行；当美丽而浪漫的传统节日遭遇骄傲而无知的现代社会，我们看到一份精神的血脉正在悄悄地失守。

每一个民族都有自己别具特色的传统节日，拥有着历史深沉感的中国的节日，因了天人合一的思想的底子，而别有一份生活的情趣，文化的内涵。

庄子云："天地有大美而不言。"四时的序列，万物的枯荣，寒来暑往，月缺月圆。勤劳而智慧的中国人在"日出而作、日落而息"的歌咏中窥见了自然与人生的秘密："天高地迥，觉宇宙之无穷；兴尽悲来，识盈虚之有数。"面对自然的永恒与无限，面对自身的渺小与短暂，我们的先民怀着一颗敬畏的心"观天之道，执天之行"，以期与天地合其德，与四时合其序。于是，在对自然与人生深沉观照的基础上，我们有了光辉而灿烂的人文文化，以及与二十四节气息息相关的古老而浪漫的传统节日。

"爆竹声中一岁除，春风送暖入屠苏"送来了春节的千般喜悦；"蛾儿雪柳黄金缕，笑语盈盈暗香去"笑出了元宵节的万种风流；"梨花风起正清明，游子寻春半出城"寻来清明节的诗意；"彩线轻缠红玉臂，小符斜挂绿云鬟"缠出端午节的浪漫；"天阶夜色凉如水，卧看牵牛织女星"是我们对爱情的遥想；"但愿人长久，千里共婵娟"是我们对亲情的牵挂。这些画面曾经那样鲜活而生动，那样浪漫而又充满仪式感，然而对于熙熙攘攘、忙忙碌碌的现代人，当浪漫成为点缀，当仪式变成负担，我们似乎只能在古诗文中去寻它们"犹抱琵琶半遮面"的容颜。

一个个分布于各个季节的节日点缀着古代中国人周而复始的生活，让他们在终岁劳累的奔波中寻一次休养生息；一个个拥有着祭祀与娱乐双重内涵的节日仪式，表达了他们对平安与幸福的祈求，让他们在辛苦劳作之外，有一番生活的情趣。但传统节日的意义远不止于此，在年年岁岁漫长的起源和发展中，它早已成为传统文化与民族精神的载体。

"清明时节雨纷纷，路上行人欲断魂。"今天的清明节，依然有着祭祀与扫墓的传统，然而有多少人还能感受其慎终追远的精神内涵？慎终者，丧尽其哀；追远者，祭尽其敬。慎终追远是超越于祭祀与扫墓的形式之上的，它传达的是对先祖的感恩，对死亡的敬畏，更是对生命的悲悯。拥有了这种敬畏与悲悯的情怀，或许我们的社会便会多一些良知，多一些人性的光辉。

"节分端午自谁言，万古传闻为屈原。"屈原以其孤独而绝美的背影，在后世知识分子心中筑起了一座精神岛屿。从此，以天下为己任的人格在中国知识分子的血脉中坚定地传承。多少厚重的生命，多少洁白的灵魂，怀着兼济天下的梦想，勇敢地在冰冷的世间前行，在寂寞的铁屋子中呐喊。岁岁竞渡的龙舟里，年年飘香的糯米中，有民众对屈原的思念，对有社会良知的知识分子的企盼。在读书路上奋力前行的学子们，当你把目光投向这片深重的土地，当你把社稷苍生郑重地装在心里，你的人生志愿是否不会那么迷茫，你的人生选择是否将更加厚重？

"登山始觉天高广，到海方知浪渺茫。"登高望远是重阳节的习俗，更是千百年来中国人挺拔的姿态和开阔的胸襟。"四面湖山归眼底，万家忧乐到心头。"登高激发了超越渺小个人之上的家国情怀。"前不见古人，后不见来者。念天地之悠悠，独怆然而涕下。"登高看透了宇宙的苍茫与人世的浩渺。于是，胸怀因登高而更开阔，境界因望远而更深沉。一个有着登高望远情怀的人，一个在纷繁的人世中还总能记得抬头看看苍天的人，又怎会在现实生活中因一时得失而栖栖遑遑，因功名利禄而丢失梦想呢？

"今夜月明人尽望，不知秋思落谁家。"多情的诗人们在月亮的阴晴圆缺里看到了人世的悲欢离合，于是中秋的月写尽了年年岁岁的守候与相思。"西北望乡何处是，东南见月几回圆。"这是月光洒下的悠悠乡愁。"露从今夜白，月是故乡明。"这是对故乡明月最深情的眷恋。"此生此夜不长好，明月明年何处看。"一轮明月，照出人生的漂泊与感伤。"海上生明月，天涯共此时。"一段月色，给我们跨越时空的温暖和力量。是的，就在这样有月亮的晚上，我们一起去重温那些最美丽的文字，走近那些最美好的情愫。让我们在日常生活中似乎日益麻木的心，多一点诗意的遥想，多一点温润的丰盈。

一个重视生死、慎终追远的民族是敬畏生命的，一个纪念英雄、呼唤正气的民族是崇尚光明的，一个登高望远、游目骋怀的民族是淡泊与高远的，一个把星星讲成故事、把月亮写成乡愁的民族是温润与浪漫的。这些美丽的传统节日从遥远的古代走来，带着文化的温度，携着岁月的风尘。

当我们的先民以一种虔敬的姿态履行着一个又一个节日仪式，传统节日的文化内涵便渐渐濡染内化成一种民族气质——对自然的敬畏与感恩，对人世的企盼与从容。这是属于所有中华儿女的一份诗意的信仰，一个永恒的精神家园。

亲爱的同学们，作为一个在有着深厚文化底蕴和历史传承的校园里成长起来的学子，当我们走近传统节日，用心去感悟传统节日的美，去传承传统节日背后所代表的文化内涵时，相信我们一定可以多一份人生的感动、诗意和坦荡，多一份文化的大气、坚守和担当。

"士不可以不弘毅，任重而道远。"北京师大附中的学子们，让我们在对传统文化的尊重与传承中，去汲取刚健有为的精神，去拥有厚德载物的胸怀，自在呼吸，坦荡生长，去实践古人穿越古今、横贯日月的梦想："为天地立心，为生民立命，为往圣继绝学，为万世开太平！"

谢谢大家！

"端午"思"天人合一"

孙若潼

老师们，同学们，大家好！

不知道在刚刚过去的端午节假期里你们过得如何？端午节，算是我们最熟悉的节日之一。吃粽子、插艾草、赛龙舟、戴五色线、喝雄黄酒……每逢农历五月五日，形式多样的端午节风俗活动在全国各地举行。作为中国传统文化发展的缩影，端午节习俗在新时代丰富多彩又不失神韵地推广，传承与彰显着民族精神与文化自信。

端午节的由来有许多不同的说法，最广为人知的是在《续齐谐记》中写的：屈原抱石自投汨罗江，当地百姓闻讯划船捞救，一直行至洞庭湖，始终不见屈原的尸体。为了寄托哀思，人们荡舟江河之上，此后才逐渐发展成龙舟竞赛。百姓们又怕江河里的鱼吃掉屈原的身体，就纷纷回家拿来米团投入江中，以免鱼虾糟蹋他的尸体，后来就有了吃粽子的习俗。但据闻一多的《端午考》和《端午的历史教育》所列举的百余条古籍记载及专家考证表明，端午节起源于中国古代吴越之地，远比纪念屈原早得多。可屈原的爱国精神和感人诗篇深入人心。他全心爱国，遭奸臣陷害，但他宁折不弯，依然追求自己的理想。《离骚》中一串串闪光的诗句，让人今天读来依旧怦然心动。"路漫漫其修远兮，吾将上下而求索。"屈原的伟大在于他高洁的人格，后世的志士仁人无不以屈原为精神高标而身体力行，从而绵延一种血脉，一种传统，一种人格，一种高贵的气象。屈原精神就是孟子讲的"富贵不能淫，贫贱不能移，威武不能屈"的"大丈夫精神"。而这种精神恰巧印证了端午节体现的中国人民积极向上的价值追求。中国传统节日是民族文化的精华，是民族智慧的象征，是民族精神的结晶。它代表着中国人的精神追求、价值追求、道德追求。今天，我们保护中国传统节日，其目的是传承我们的民族精神：以爱国主义为核心，团结统一，爱好和平，勤劳勇敢，自强不息。

除此之外，端午节还体现了中国人"天人合一"的文化理念。我们知道，大自然的运行是有节奏的，人类的生活也是有节奏的。只有当人类的节奏与自然的节奏和谐统一，人类的生活才能幸福。《易传·文言》中说："夫大人者，与天地合其德，与日月合其明，与四时合其序，与鬼神合其吉凶。先天而天弗违，后天而奉天时。"中国人对待自然的态度是敬畏的、顺应的。老子讲"人法地，地法天，天法道，道法自然"，庄子讲"天地与我并生，而万物与我为一"，就是讲人与自然的统一。中国传统节日根源于中国古代农耕文化，许多节日都是根据自然时令的变化而定的。因为季节、气候的变化直接影响着人们的生活，不同的时令就有了不同的节日。

端午节又叫端阳节。根据阴阳二气的变化，端阳者，阳气之端点也。这就是说它是一年中阳气最盛之时。端午节有许多习俗都与水有关，例如我们所熟知的赛龙舟。而水为阴性，用这种方法以达到阴阳平衡，体现了"天人合一"。

正是因为端午节有丰富且深刻的内涵，它才能成为我国四大传统节日之一。

现在，我们过端午节，除在物质层面和生活习俗层面继承原有的传统，更重要的是还应发挥端午节的现实作用。时代在变，但传统文化的精神内核不变。网络热词在变，但不变的依然是家国情怀。

就像在刚刚结束的合唱比赛中，我校合唱团获得佳绩的节目——《我爱你，中国》。 我们可以通过短短几个月的努力训练就达到令人震撼的演唱效果，我想，正是因为我们身上都藏着浓得化不开的爱国情感。

百年风云激荡，中国优秀知识分子、爱国青年以赤子丹心写下了彪炳青史的功绩。 身处太平盛世，年轻人在爱与呵护中成长，也同样拥有真挚的家国情怀，这令人无比欣慰。

在这个传统节日里，我们应追溯先人的伟岸精神，让家国情怀成为端午节的文化底色，使其汇聚成更磅礴的精神力量，创造更多的"中国奇迹"，书写更加精彩的"中国故事"。

希望作为北京师大附中学子的你我，从今天开始，从这一分这一秒开始，可以将中华民族的精神落实到我们的行为举止中。

谢谢大家！

中国传统文化的时代符号

——永不褪色的雷锋精神

张明瑶

老师们，同学们，大家好！

55 年前①的今天，毛主席亲笔题词，发出了"向雷锋同志学习"的号召。一夜之间，雷锋的名字响彻华夏大地，一个普通战士的光辉形象，从此深深地烙印在了中国人民的心中。55 年后的今天，我们站在这里，再一次重温雷锋精神，是为了让我们再一次去呼唤那股信念的力量，去拥抱那份大爱的胸怀，去追寻那份无私忘我的奉献精神。

1940 年，雷锋出生在一个极度贫穷的农民家庭。父亲是家里的支柱，靠给地主、资本家出卖劳力为生。尽管如此，一家人好歹还能相互照应着一起生活。但好景不长，1945 年父亲因为曾参加过抗日斗争而被日本侵略者活活打死。1946 年哥哥在为资本家做工时被机器轧断了左手，被资本家无情地开除，因无钱治病很快死去。失去经济来源的家庭陷入了绝境，同年冬天，弟弟被活活饿死在母亲的怀里。为维持生计，母亲被迫到地主家做活，遭到地主侮辱，最终选择了悬梁自尽。从此，年仅 7 岁的雷锋成了孤儿，只能靠为地主看猪、放牛为生，却惨遭地主虐待；自己出去讨饭，又吃尽苦头、备受摧残。

---

① 本篇演讲稿作于 2018 年。

这样的悲惨生活一直持续到 1949 年 8 月湖南解放，从此雷锋的人生翻开了崭新的一页。 地下党员彭德茂乡长找到雷锋，看到他头发又乱又长，身上只披了个破旧麻袋，便把雷锋叫到自己家，给他洗澡、理发，换上新衣服、新鞋，还做饭给他吃。 彭乡长的帮助让雷锋十分感动，他激动地跪在彭乡长面前不住地感谢。 彭乡长抱起雷锋，说："孩子，不要感谢我，是伟大的党和毛主席救了你。"从此，雷锋记住了毛泽东这个名字，第一次认识到是中国共产党给了他新的生命。 "生在旧社会，长在新中国"的小雷锋，第一次开始萌发了做有奉献精神、感恩国家的小主人的意识。 成长在新中国的雷锋，在党和政府的帮助下背上书包走进了学校。小学毕业后，他在县委当过公务员，在农村当过农民，在工厂当过工人，最后又到部队成了一名军人。 这些宝贵的经历，无不对雷锋奉献精神的形成起到了重要的促进作用。 在这些经历中，雷锋结合自己的所闻、所做、所感、所悟，开始对"向谁报恩""怎样报恩""为谁奉献""怎样奉献"这样的问题不断做出新的回答。

没有人生来就崇高，雷锋精神从何而来？ 源头应该就在我们中华民族流传千年的优秀文化当中。 我们中华文化自古以来就重视知恩图报，素有乌鸦反哺、羔羊跪乳这样歌颂知恩报恩的美德故事。 中华儿女的感恩情怀、舍己为人的奉献精神就藏在诸葛亮的"鞠躬尽瘁，死而后已"的决心之中，藏在李商隐的"春蚕到死丝方尽，蜡炬成挥泪始干"的诗句之中，藏在"谁知盘中餐，粒粒皆辛苦"的悲悯之中，也藏在龚自珍的"落红不是无情物，化作春泥更护花"的浪漫之中。 雷锋把传统文化的熏陶和报答党的再生之恩、哺育之恩、培养之恩结合起来，将中华民族朴素的感恩、奉献精神，上升到了"全心全意为人民"的理性高度之上。 我想，这就是雷锋这个平凡人选择的最不平凡的感恩方式。

每年这时，在我们红红火火号召大家要向雷锋学习，学习他"憎爱分明的阶级立场，言行一致的革命精神，公而忘私的共产主义风格，奋不顾身的无产阶级斗志"的时候，总是有很多负面的言论在给我们"泼冷水"，甚至还有一些别有用心、各怀动机之人，刻意去质疑、诋毁我们的英雄、我们共和国的战士。但铁的事实是不容置疑的。雷锋事迹生动感人，雷锋精神崇高伟大。他是真实的、具体的、人人可学的新时代的英雄和榜样。他用短暂的生命，引导着我们一代又一代的青年踏着他的来路继续奋斗下去。

在这里，我想引用一句雷锋的原话作为今天演讲的结尾："人的生命是有限的，可是，为人民服务是无限的，我要把有限的生命，投入到无限的为人民服务之中去。"希望，我们北京师大附中的每一个人，也都能像雷锋一样，在中华民族优秀文化的浸润之中，在新时代的号召之下，让雷锋精神在我们全社会蔚然成风，让雷锋精神在我们的行动中世世代代弘扬下去！

谢谢大家！

中文之美

高　敏

尊敬的各位老师，亲爱的同学们，大家好！

我今天演讲的题目是《中文之美》。

汉字的发明常常被追溯到仓颉。《淮南子·本经训》关于仓颉造字有一段非常动人的描述："仓颉作书，而天雨粟，鬼夜哭。""天雨粟，鬼夜哭"六个字传达出了天地洪荒混沌中，人类文字刚刚萌芽时天地震动、悲欣交集的情形。仓颉的时代太久远，我们无从印证那使得天地震动、鬼神夜哭的文字是什么样子。但当我们看到一个黑陶罐上用硬物刻成的"旦"字图像时，似乎就看到了仓颉双目遥望日出东方的表情，这也用文字画下了最初的黎明曙光。

华夏文明五千年，我心中总有疑惑，靠骨骸上深深的刻痕来卜祀一切未知的民族，何以传承了如此久远的记忆与文明呢？而当我们看到商代的甲骨时，在一片片斑驳的兽骨或龟甲上凝视着那水滴倾泻的"雨"字，仿佛就看见了干旱大地上等待、盼望雨水的生命，一次又一次地在死去的动物尸骸上刻着祝祷上天的文字。看到头大身小的"子"，线绞成股的"丝"，鬃毛可现的"马"，我不觉会意一笑，原来我们与数千年前的古人如此靠近，祖先的生活我们也可知可感。这正是汉字不同于拼音文字的魅力所在——其"书画同源"的形式，不仅呈现视觉的美，更传承着记忆与文明。

中华文明的传承，汉字、中文功不可没。但是，随着当下科技的飞速发展及西方文化的涌入，基础教学中，语文不被重视；高等教育专业分科，中文系被看作最赋闲、穷酸的学科。中文是否就这样衰败老去了呢？

不，中文很美。

"关关雎鸠，在河之洲"，那遥远的应和声，是穿越时空的爱恋。"蒹葭苍苍，白露为霜。所谓伊人，在水一方"，那是撩动心弦的遇见。"两情若是久长时，又岂在朝朝暮暮"，那是长情不渝的厮守。"最是那一低头的温柔，像一朵水莲花不胜凉风的娇羞"，那是少女最美的温柔与娇羞。每次读到这些错落的诗行，我都被这些优美的文字、温情的画面深深地打动着。仿佛那个风姿绰约的女子正款款而来，那份深情也穿越时空与今人心意相通。中文怎会如此美妙？简单的文字组合，就会创造出万千可能，即便是快餐文化、网络流行语充斥的今天，这些美丽的句子，仍是有情人间褪去俗白、最诗意沉甸的内心表达。

中文也很有用。

中文是我们日常交流脱口而出的母语，是我们理解、学习其他学科的工具，更是我们充分表达自己的载体。很多时候，我们都感觉自己的语言表达不尽自己的所观、所思、所想，处于一种"喑哑失声"的状态。三月踏青江南，看到波光粼粼的江上红日初升时；夏日游园，看见满池荷花，郁郁葱葱时；冬天看白雪皑皑，树挂琼花时，我们总会发出那句最真情却又自觉羞愧而苍白的感慨：呀，好美呀！其实，前人在游历祖国山川胜景时，已经替我们留下了最美的感叹：那句"日出江花红胜火，春来江水绿如蓝"，那句"接天莲叶无穷碧，映日荷花别样红"，那句"千里冰封，万里雪飘。望长城内外，惟余莽莽"，是不是我们当时搜肠刮肚想要的咏叹呢？即便一时写不出，但是能脱口而出这样的诗句，好像也有一种一浇心中之块垒的畅快与满足。美丽的中文，让我们不再失声，而是让美景更醉心，让生活更诗意。即便秋风卸白云而飞，树叶飘落而下的深秋季节，我们能想起那句"秋风起兮白云飞，草木黄落兮雁南归"，这斑斓的秋景，是不是也削减了几分秋愁？

中文很有用！它也如一位温和的长者，颔首教诲我们这些晚辈后生。

当我们踏入校门，开始在田字格里书写"上""大""人"等简单汉字的时候，就在学习一生为人处世的漫长"规矩"。学习不能随意逾越格子轮廓的"规矩"，学习直线的耿直、曲线的婉转，学习方的端正、圆的包容。而当我们读到"学而不厌""君子不器"时，明白了为学应勤勉惜时、博学通变。当我们读到"见贤思齐""吾日三省吾身"时，明白了为人应谦逊向善、自律慎独。子夏问孝，孔子对曰："色难。"这也告诉了我们身为人子，什么才是真正的孝老敬亲。每天，我们都在书写汉字，阅读经典，其实，我们都在不自觉地接受中文这位谦和长者的教诲，进行自我品格的塑造。慢慢地，我们由那个懵懂无知的孩童长成有教养、有修为，被自己羡慕的那个"人"。

中文很有用！它似乎又像一位广博的智者，总是先我们一步，照亮我们前行的路。

当我们因懒惰而放松自己时，它会说"欲乎其上，得乎其中；欲乎其中，得乎其下；欲乎其下，则无所得矣"，鞭策我们不能放松行动的标准。当我们绷紧自己，奋力前行时，它会说"张而不弛，文武弗能也"，关切我们要张弛有度。而在奔向目标的路上，难免坎坷不如意，它又鼓励我们，既要有"长风破浪会有时，直挂云帆济沧海"的理想信念，又要秉持"也无风雨也无晴"的达观，更要有"此心安处即吾乡"的恬淡安然。中文里有读不尽的内容，无论你是得意欢欣抑或失意沮丧，你总会发现有个智者与你心意相通，并肩前行。

美丽的中文，不仅满足我们的表达、诗意我们的生活、规范我们的举止、指导我们的人生，更蕴含着整个中华民族的使命担当——"富贵不能淫，贫贱不能移，威武不能屈"的浩然正气，"先天下之忧而忧，后天下之乐而乐"的政治抱负，"位卑未敢忘忧国"的责任意识，"人生自古谁无死，留取丹心照汗青"的坚贞气节，"苟利国家生死以，岂因祸福避趋之"的报国情怀。习近平总书记一再强调，"今天，我们提倡和弘扬社会主义核心价值观，必须从中华优秀传统文化和传统价值观中汲取丰富营养，否则就不会有生命力和影响力"。而中文正是传统文化积淀的载体，包蕴着整个中华民族的精神追求和使命担当，是中华民族生生不息、发展壮大的丰厚滋养。

正因为中文很美、很有用，其国际影响力也在不断增强。孔子学院正落脚世界各地，多少工作者在默默地向外传播着中文之美、中华文化的魅力。"汉字叔叔"理查德·西尔斯自掏腰包，用 20 年时间整理甲骨文、金文、小篆等字形并将汉字数字化。7 年在中国学习，20 多年在巴基斯坦教汉语的米斯自称早已把自己看成中国的女儿。这无一不是中文的魅力在吸引着他们，感染着他们。

仓颉的灵感不灭，美丽的中文不老。中文之花正在娇美绽放，愿君采撷，一嗅芳香！

谢谢大家！

中华传统文化中的律己智慧

张　函

老师们，同学们，大家好！

律己，是心存敬畏、手握戒尺，慎独慎微、勤于自省。儒家所期盼的"修身、齐家、治国、平天下"，其中的修身立德、自强自律不仅贯穿着辩证唯物主义的理论品格和科学精神，还蕴含着中华文化关于修身律己的优良传统，是修身之本、做人之道、成事之要。

一、律己以明志

立志，需要"明志"。儒家之志乃"内圣外王"，内圣，就是加强自我修养、树立理想境界、磨砺坚强意志；外王，即服务社会，管理国家。中国传统文化有"修身、齐家、治国、平天下"的说法，认为君子应先修身律己而后兼济天下。我们应该如何明志呢？"非淡泊无以明志，非宁静无以致远"，这是孔明先生写给他儿子的一句话，那年他的儿子八岁。所谓淡泊，就是清简素朴，节制自己的欲望。唯有节制律己才能明确自己的志向。

不能胜寸心，安能胜苍穹？自幼天资聪明、读书刻苦的明代大学士徐溥用储豆的方法不断检点自己的言行。每当心中产生一个善念、说了一句善言或是做了一件善事，他便往瓶中投一粒黄豆；相反，若是产生恶念、恶言、恶事便投一粒黑豆。开始时，黑豆多，黄豆少，他就深刻反省并激励自己；渐渐黄豆和黑豆数量持平，他就再接再厉，更加严格要求自己；久而久之，瓶中黄豆越积越多，相较之下黑豆越来越少。到后来为官，他乐善好施，对乡里族人关怀备至，凡遇有婚丧之事或遭意外灾难，均有补急救济。他兴办义学、修渡口，而自己却很俭朴。"责己也重以周，待人也轻以约。"怀律己之心，修为官之德，凭借持之以恒的约束和激励，徐溥不断修炼自我，廉洁自律，后来终于成为明朝德高望重的一代贤相。

二、律己以成人

"修其心治其身，而后可以为政于天下"，晚清重臣曾国藩的人生哲学叫"尚拙"。"天下之至拙，能胜天下之至巧。"他不喜欢灵巧的东西，一生做事从来不绕弯子，不走捷径，总是按"笨拙"、踏实的方式去做。涓滴积累，水滴石穿，就这样一步一脚印地过完自己的一生。曾国藩读书用的也是笨功夫：不读懂上一句，不读下一句；不读完这本书，不摸下一本书；不完成一天的学习任务，绝不睡觉。他自己制作了闹铃，大致方法是在床边放个铜盆，铜盆上用细绳拴了个秤砣，细绳另一端绑在蜡烛下面，等蜡烛烧断细绳后，秤砣就会掉落敲击在铜盆上，于是他就这样被叫醒，黎明即起，开始读书。用今天的话说，清晨叫醒我们的不是闹钟，而是梦想。但无论是闹钟还是梦想，没有律己之心，都不可能把我们从舒适温暖的床上拽起来。

"善禁者，先禁其身而后人。""逆袭"从来都不是传奇式的一跃而上，而是严于律己的厚积薄发。凭借数十年如一日的自律，曾国藩在世道倾覆之际，慨然以澄清天下为己任，用铁腕整顿秩序训练湘军，为在乱世开创事业奠定根基。在八方拂逆的困境中，曾氏以刚毅顽强之意志对付危局，具与时俱进之眼光，抱徐图自强之宏愿，揭开了洋务运动的序幕。

读书必定是苦事，人的天性是习惯于安逸舒适，所以读书是考验意志的事。闻鸡起舞，囊萤映雪，凿壁偷光，中国古今的读书人用一个个励志的故事让我们感受到自律的脉动。急功近利的"聪明人"不愿意下"困勉之功"，对自己的约束少，对外界的需求多。所以优秀的人始终是少数，越是通往成功的道路，越是不拥挤。诚然，相较于枯燥的试卷和课本，也许"追"综艺、赖床、打游戏这些事情会让人获得短暂的舒适和愉快，但舒服的日子都是在走下坡路，身体和意志力都会在这种自我放纵中逐渐沉沦。真正让你变好的那些事，比如跑步、健身、读书，也许最开始真的很不容易，但只要你坚持下来，你就站上了比很多人更高的平台，将拥有更多选择的权利，去选择你热爱的、有意义的工作，而不是被迫谋生。

其实在我们身边的同学中，就有律己的好榜样。高三的陈韩蕊学姐在高中学习期间，逐渐明晰了未来的目标，她从记录自己每天的日程开始，规划每天需要完成哪项作业，并在哪天提交。她说："每当我完成一项内容并划掉它的时候，我收获的成就感是以前从没感受过的。"随着学习生活的日渐规律，她也开始主动表达自己的想法并帮助其他人完成实验，而不是只做一个"旁观者"。除了学习方式的进步之外，她的自信心也得到了很大的提升。高中生活即将结束，在回顾自己三年的历程中，陈韩蕊说："回头看自己过往的一切，感觉给自己带来最大变化的就是学会自律。现在的我很喜欢充实的人生，喜欢完成计划后获得的成就感。我想留给学弟学妹们的建议就是学会规划好自己的每一天。"

无独有偶，相信大家也从媒体中了解过这样一位浙江大学的"学霸"，他因为一张密密麻麻的作息表而走红。作息表的安排，从每天早上6点开始，一直到晚上12点半，一周每个时段的学习内容都精确到几点几分，学习状态可以说是争分夺秒。他已经考上很多人梦想中的学府，但依旧一刻也没有松懈。成绩好还不算什么，关键是还很会玩，他利用课余时间学习飞机的驾驶技术、考潜水证、自创服装潮牌等。 在他的生活中，精确的时间，严谨地规划，认真地执行，这一切都已经成为自律的习惯。 我们也应在自律中收获成长，在自律中真正成人。

同学们，当你知道自己想要去哪儿并且全力以赴奔跑的时候，全世界都会为你让路。 愿我们在律己中成为更好的自己，活成自己喜欢的样子，过上自己想要的生活。

谢谢大家！

"学家史，传家风"

——我的一点体会

龙　军

亲爱的老师、同学们，大家好！

今天很荣幸有这个机会和大家交流，我想在"读家史，传家风"这一方面谈谈自己的一点学习体会。

前一阵子，我们班曾经组织、主持过一次"慎终追远"主题班会，同学们采访家中长辈，了解家族历史，学习优良家风，提供了很多有价值且令人感动的素材。例如一位同学的姥爷回忆说，他的祖父和父亲两代人都曾投笔从戎，毕业于黄埔军校，其祖父战死沙场为国捐躯，父亲参加革命迎来新中国诞生。另一位同学的父亲则回忆说，他的祖父当年也曾亲自为八路军长城抗战做过向导，在炮火纷飞中毫无畏惧地救助伤员。这些尘封的家族往事让我们看到了家与国是如何紧密联系在一起的。还有一位同学拿来了太姥爷所著的自传，这位太姥爷少年时曾求学于杨秀峰创办、领导的革命学校，而杨秀峰先生也曾是北京师大附中的老师，后来还成为新中国的教育部副部长，相隔较远的两代人就这样和北京师大附中又产生了奇妙的关联。还有一位同学的父亲向孩子讲起了自己幼时所听到的家训，言语殷殷，令人感动。看来我们的家史中还有很多美丽的传说有待挖掘，还有很多精神的财富需要继承。

再以我自己的家庭情况来说吧。我的夫人姓郑，其家族源出荥阳郑氏，在唐代属于"崔卢郑王"四大家族之一，后来迁居浙江浦江，自宋建炎（1127—1130）初年起，郑氏一门便恪守祖训，合族同居，同财共食长达15代、360余年，直到明朝天顺年间（1457—1464）因一场大火才不得不分散各地，曾被誉为"江南第一家"。促使这个家族延绵不绝、生生不息的灵魂，是其家规——《郑氏规范》。《郑氏规范》共有168条，提倡崇义、敦学、睦善、清廉等。去年我们曾带着孩子去中山郑氏宗祠访问，郑氏乡亲给我们的第一份礼物，就是一本薄薄的小册子《郑氏规范》，然而我们拿在手里却一直觉得重若千斤，珍贵无比。

鄙人姓龙，《后汉书·马援传》中录有马援写的一篇《诫兄子严敦书》，里面曾谈及我的先祖龙述（龙伯高），说"龙伯高敦厚周慎，口无择言，谦约节俭，廉公有威，吾爱之重之，愿汝曹效之"。此文现被初中语文读本选用。每次和同学们一起学习这篇文章时，我的心里总是藏有那么一点小小的激动和自豪。两千年前的先辈风范，我虽不能至，总归是心向往之的。两百年前，我的另一先辈龙汝言，自幼穷苦，却勤奋好学，终于考中了嘉庆十九年（1814）的状元。幼时每逢年节，长辈们总爱谈及这些往事，对我而言，那是一种无声的压力，也是一种奋进的动力。成绩考差了，不用长辈批评，我自己就觉得愧对先辈；成绩稍微有些进步，也没什么可骄傲的，毕竟和那位"学霸"先辈比起来，差得太远太远。有关这位龙状元，其实后面还有故事，因为他太过惧内，阴差阳错，导致后来在校对《高宗纯皇帝实录》时出了纰漏，一时被革职罢官了。所以在我们家，有两条是特别要注意的：一是写文章一定要仔细校对；二是家庭生活一定要和谐，夫妻之间一定要相敬如宾。

同学们，如今家风的重要性重又得到了世人的重视。家风其实就是家族成员共同的文化基因和价值共识。良好的家风一旦形成，就能在各个方面产生潜移默化的正面影响，使这个家族健康发展，生生不息。众所周知，梁启超家"一门三院士，九子皆才俊"。其实北京师大附中历史上类似的例子也并不罕见，著名的汪德耀、汪德昭、汪德熙三兄弟中就出了两位院士、一位大学校长，这是怎样令人羡慕的家风！北京师大附中杰出校友钱学森是吴越王钱镠的 33 代孙。钱镠把江山让给了赵宋，却将一部无价的家学宝典《钱氏家训》留给了子孙。千百年来，钱家人才辈出——画家钱选、语言学家钱玄同、国学大师钱穆、作家钱锺书、科学家钱三强和钱伟长、诺贝尔化学奖得主钱永健等，令人叹为观止。

习总书记说过，"家庭是人生的第一个课堂"，"家风是一个家庭的精神内核"，"家风是社会风气的重要组成部分"。十余年之后，在场的诸位或也将为人父、为人母，传承好家风、开创新家风，可谓正当其时！因此，在这个惠风骀荡的时节，趁着时光未老，去回家读读家史，学学家风吧。

谢谢大家！

节分端午自谁言，万古传闻为屈原

侯欣琦

敬爱的领导、老师，亲爱的同学们，大家好！

不久后，便是"彩线轻缠红玉臂，小符斜挂绿云鬟"之时。滔滔汨罗水，悠悠数千年，拳拳赤子心，感天动地情。端午节将至，我第一个所想到的便是一颗不朽的灵魂——屈原。节分端午自谁言，万古传闻为屈原。

战国时，楚王宠信奸臣，屈原仗义执言，却被革职流放。在流放中，他写下了忧国忧民的《离骚》《天问》《九歌》等不朽诗篇，独具风貌，影响深远。但秦国趁此机会进攻楚国，楚国千里疆域毁于一旦。看到国破家亡，百姓流离失所，屈原有心报国，但却无力回天。悲愤之下，他写下了绝笔作《怀沙》，之后便抱着一块巨石投汨罗江而去，以自己的生命谱写了一曲壮丽的爱国主义乐章。

屈原在五千年中华传统文化的悠悠长河中留下了美的印记：他开浪漫主义诗歌之先河，创立了"与天地兮同寿，与日月兮同光"的楚辞文体；开启了"惟草木之零落兮，恐美人之迟暮"的香草美人传统。他奔流肆意的想象，源源不绝的才情，似河流汇聚成海一般，浩瀚无垠。

但是同学们你们知道吗？曾经有这样一篇报道，辽宁大学民俗研究中心主任、民俗学教授乌丙安给文化部副部长周和平发送了一份急件，说据可靠消息，亚洲某国准备向联合国教科文组织申报端午节为本国的文化遗产，目前已将其列入国家遗产名录，很快将向联合国申报"人类口头遗产和非物质遗产代表作"。 如果有人告诉你，几年后中国人想要划龙舟、吃粽子、过端午节，需要向别的国家提出申请，你一定会说：开什么国际玩笑。 后来经过查证，韩国申报的是他们本国的传统节日端午祭，并不是想抢我们的传统节日。 不过，韩国的申报，给我们提了一个醒：韩国保护端午祭的经过至少告诉我们，一个国家对本土文化的尊重和保护有多么可贵。 因此，这也是一种激励，激励我们去保护中华传统文化，去体悟它们的弥足珍贵。

清明节、端午节、中秋节已经纳入我国法定假日，以立法手段保护传统节日是积极传承中华传统文化的一种举措。 但同时我也觉得，申遗和立法只是一种外在的行动模式，让中华传统文化融入我们的生活还需要文化内在的驱动力。 提高国民教育，加强个人修养，中华传统文化的种子就会在内心生根发芽。 能在个人的心灵生根发芽的文化资源，就会鲜活而永恒。 我们应怀着敬爱之心和珍爱之情来看待中国的每一个传统节日。 每过一次传统节日，就是中华民族凝聚力和向心力的一次加强和洗礼。

屈原的伟大，不仅因他刻骨铭心的诗句，更因他矢志不移的爱国精神，不与奸佞小人同流合污的高风亮节。 这一片赤诚的爱国之心，穿透了两千年的时空，依然光耀中华大地。 五千年中华文明史少不了屈原，灿烂的中国文学史少不了屈原。

今天我们纪念屈原，主要是学习他热爱祖国、热爱人民、坚持真理、宁死不屈的精神和他可与日月争辉的人格。 屈原作为一名改革家，他的政治理念，他的改革期望，都因当时客观、残酷的社会条件而失败了。 但作为一个伟大的爱国者、思想家和文学家，他却成功了。 "举世皆浊我独清，举世皆醉我独醒"是他的气节，"路漫漫其修远兮，吾将上下而求索"是他的伟岸。 他如菊的淡雅，如莲的圣洁，强大的精神力量，为后人颂扬、激励、感染了无数中华儿女。 昔日我们有为国捐躯的屈原，今天中国需要为国奋斗的人。 在无数个云淡风轻的日子里，潘建伟院士带领他的团队，潜心研究"墨子号"量子科学实验卫星，织就一张纵横寰宇、包含海量信息的量子通信"天地网"，无数海思儿女挺直脊梁，为科技自立而奋力前行。 中国新闻媒体人刘欣不为光鲜的工作，不为鹊起的名声，身怀敢为中国发声的勇气，不断努力和国际接轨，不断维护祖国尊严，向世界讲好中国故事。 所有映射在他们身上的光辉，都向我们展示着爱国的源源行动力。

不管时光如何变迁，屈原永远生活在岁月的长河里，永远被铭记在人们的心中。

而现在我们热爱祖国、铭记伟人、传承中华传统文化最无声却胜有声的方式，便是在时代的漫漫长路上怀着爱，朝着理想一直向前。 前路漫漫，未来可期。 我不胜欢喜，中国因为有像你、像我、像屈原这样的人，有端午节背后代表着的璀璨的中华传统文化而与众不同。

谢谢大家！

百善孝为先

李　莉

老师们，同学们，大家好！

亲子关系是一个永恒的社会话题。最近的新闻中经常出现这样的报道，小学生背诵《弟子规》；一些中小学开设孝敬课；有的大中学校还给学生布置了给父母洗一次脚的家庭作业；在某些地方，村头重新塑起了"二十四孝"故事的雕塑。

一方面，这些新闻事件的出现，表明了社会对传统道德与传统文化的重视；但另一方面，其中一些做法也不尽科学，或者过于简单化。那么，如何看待儒家提倡的孝道呢？

人生下来总离不开父母亲人的养育，在这种养育的亲密关系中，必会自然地形成子辈对养育自己的父母亲人的爱戴、尊敬之情。的确，亲子关系是一切人际关系中最自然、最亲密的一种。

在我国传统社会中，提倡"百善孝之先"。孝在伦理道德和学校教育中排在第一位。林语堂先生对"教"的解释就是"使孝"，他说："'教'字，也是从孝演变而来的。即'孝'字加一表示使役的偏旁'攵'，意思是'使……孝'。"孝道教育在传统中国的社会教化和学校教育中起着首要作用。在古代以家族、宗族为基础架构的社会里，更是重视通过孝道来维系各种尊卑关系。汉代"以孝治天下"，通过"举孝廉"、设孝经博士等举措加以强化。

　　儒家进一步提出"老吾老，以及人之老"的思想，将养老扩大到尊敬社会上所有长者和老人，要求人们不但孝敬自己的父母，且也要用同样的感情去敬爱其他的长者。尊老是中华民族的独特传统，它积淀于中国人的心底。

　　传统的孝道虽是爱与敬并重，但在以父权为基础的权威主义下，父母的管束甚为严苛，子女对父亲往往是敬畏有余，亲爱不足。因此，在古代的代称中，常把父亲称为"家严"。传统社会中的旧孝道是敬畏胜于亲爱，角色胜于感情。

　　同时，我们也要看到，封建社会的孝道宣扬对于父辈绝对的服从，剥夺了子女的独立人格，这是封建糟粕。本来，晚辈尊敬、听从长辈的教导和意见，是合理的。但是，封建孝道要求不分是非，子辈必须无条件地绝对顺从父母的意志，否则，"不顺乎亲，不可以为子"。这是家长的专制主义。宋明时期的理学家甚至提出"天下无不是的父母""父叫子亡，子不得不亡"的荒唐说法。在这种束缚下，父亲对子女有绝对的支配权，甚至有生杀权，子女只能恭顺屈从，逆来顺受，完全囿于父母摆布。比如古代家喻户晓的"二十四孝"就包括很多"愚孝"的观念，今天我们不能将之简单地照搬，这是非常僵化的做法，不具有科学性，因而不能为今人所信服和效法。

　　传统孝道是建立在父尊子卑这种人格的不平等基础上的。现代社会更加注重人格的平等性，父子之间的亲爱胜于敬畏，感情胜于角色。父母应放弃以权威的方式训练子女盲目的服从与外表的恭敬，而是应该用晓之以理、动之以情的方式教导子女理解、善待父母及他人。

　　爱是基于亲子之感情上的平等，那么，敬则是基于亲子地位上的差异。父母是上辈人，子女是下辈人，因此，子女对父母的孝，除了爱，还要敬。这种敬是从爱父母的感情中自然产生的，对父母由爱生敬，就如父母对子女由爱而慈一样。表现敬意，须真心才能被父母所感受。

亲子之间的这种爱的情感，是一种互动的过程，要以爱唤起爱，这一方面要求父母要关心、爱护自己的孩子，另一方面也要求子女对父母的爱要有体验和报恩的情感。这种爱的感情培养要通过双方的实实在在的爱心与行动来建立。

在古代，孝道贯穿在生活中的每个细节上，在"昏定晨省""冬温夏清"这些日常生活礼仪和生活起居的关怀上，甚至还有"父母在，不远游"等说法。现代人，生活变得异常忙碌，与父母同在一起共同生活的时间越来越短，我们又当如何从细节上传承这种孝心呢？

我之前提到的大中学生应不应该给年迈的父母或者祖父母洗一次脚的新闻，引起了争论，不知道同学们会做何选择？咱们学校历史组的卫刚老师，有一次发给我一张他正给年迈的母亲洗脚的照片，让我非常感动，中国人孝道的传统一直都在。

让我们珍惜与父母一起生活的时光，日常问安，做些力所能及的家务。父母注定会望着你的背影，送你走上独立的人生。我们也要让父母知道，"当你老了，头发白了"，我们一直都在……

谢谢大家！

从哪吒说起

王　玲

老师们，同学们，大家好！

2019 年夏天，电影《哪吒之魔童降世》一炮走红，在口碑和票房上实现了"双赢"。 这部取材于中华古老神话传说的电影，充分展示了中华优秀传统文化的魅力。

《哪吒之魔童降世》取材于中华传统神话故事，哪吒是中国民间传说里家喻户晓的神仙，其早期形象可以追溯到元代的宗教神话典籍《三教搜神大全》的记载，在明代诸多的经典文学作品中多有呈现，最为著名的当属《西游记》和《封神演义》。 哪吒作为中华优秀传统文化的一个符号存在，加深了大众对中华优秀传统文化的认同感，生活在现代的人们还可以通过电影的形式去感受古代的优秀神话传说，从而增强对中华优秀传统文化的自豪感。

导演将中华优秀传统文化的内核赋予影片，把主题定为"打破成见，扭转命运"，哪吒的反抗精神是万变不离其宗的。 中国几千年来都在宣传一种不屈不挠的抗争精神。 愚公移山、精卫填海、后羿射日等故事，都表达了中华民族不服输的精神，就像电影中哪吒那句让人热血沸腾"我命由我不由天"。 庚子年①，我们经历了抗疫和抗洪两次"大

---

① 指 2020 年。

考"。84岁高龄的钟南山院士又一次站在了台前，"当国家需要我，我责无旁贷"，多么铿锵有力的声音；洪水中"95后"的新兵把人民的利益放在首位，把人民军队一不怕苦、二不怕死的战斗血性薪火相传。面对这两次"大考"，所有人都心往一处想、劲往一处使，一次次把危机化解，一次次把困难击退。医生护士、解放军、工程基建人员等就像是哪吒，有可以战胜病毒的本领，也有不屈不挠的抗争精神。

哪吒在电影中具有强烈反叛性格，敢于对抗命运，打破成见。哪吒性格反映出自强的品德。自强是中华民族的优秀传统美德之一，《易传》记载着一句沿用至今的名言警句——"天行健，君子以自强不息"。哪吒对命运的不屈服和逆天改命的行动就是自强品德的重要体现。哪吒在影片中救下父母，并且拒绝父亲替其赴死接受天雷，体现了哪吒不畏惧死亡的尚勇的品德，并且体现出高度的责任意识——自己的命运自己决定。这就像我们的校友钱学森，当年在美国的威逼利诱下，他坚决不肯屈服，坚持国家利益高于一切，执意回国报效国家。他的精神感动了无数人，他回国后更给新中国的发展做出了巨大贡献。只有理想信念坚定的人，才能始终不渝、百折不挠，不论风吹雨打，不怕千难万险，坚定不移地为实现既定目标而奋斗。

电影中的另一个角色敖丙，性格善良、正义、坚韧不拔，这些特点都是中华民族传统美德的体现。敖丙在电影中的几句话最能反映其性格，他说"我向来恩怨分明，今日之恩，他日定全力以报"，他对于哪吒的救命之恩选择铭记且不忘报答。中国自古以来就传承着一句话"滴水之恩当涌泉相报"，救命之恩更当刻骨铭心、终身不忘。羊有跪乳之恩，鸦有反哺之义，我们刚刚经历了疫情、洪水，我们每一个拥有平静生活的人都应该感谢那些替我们负重前行的人。疫情后参与抗洪的武汉大学生，返回武汉感谢医护人员的高考生，就是中华民族知恩图报传统美德具体生动的体现者。

我们的文化，历经数千年而风采依旧；我们的历史，绵长悠久而灿烂辉煌。这些传统文化题材动画作品之所以呈现出深刻饱满的面貌，主要是由于创作者内心对中国优秀传统文化充满自信。这种自信不是戾气的张扬，也不是虚妄的野心，而是海纳百川的从容，是深厚宽广的大气，是对自身不足的正视。

我们每一个中华儿女身上都有中华文化的基因，在接受传统文化熏陶的同时，也肩负着传承优秀文化和丰富文化内涵的重任。我们只有树立并坚定文化自信，才能完成这一神圣的历史使命。

谢谢大家！

中庸之道是一种高明的处世哲学

陶小苏

老师们，同学们，大家好！

今天我演讲的题目是《中庸之道是一种高明的处世哲学》。"中庸"一词始出四书之一——《中庸》的第二十七章，原句为"致广大而尽精微，极高明而道中庸"，意思是君子的德行和学问到达广大精微的境界，虽然极其高明，却依然不偏不倚地遵循中庸之道。

从现存古籍来看，"中庸"一词是由孔子首先提出的，始见于《论语·雍也》。孔子把中庸作为德性要求，反对在行为上走极端，主张"中行"。《中庸》的作者是子思及其弟子，子思上承曾参下启孟子，在孔孟道统的传承中有重要地位。他与弟子经过浓缩、精炼而修成的《中庸》一书，日益成为儒家心性理论之重要文献。

中庸思想在古代中国思想史中是很重要的思维方法论和践行本体论。中庸思想在历史长河中遭遇过不断的误读，在 20 世纪西方现代性思潮进入中国之初，更是名声不佳、命途多舛。五四以后，经过现代性洗礼的中国，一些人根深蒂固地认为中庸无非是保守性、庸常性之类，应该被批判和抛弃。之后很长时间里，"中庸之道"变成一个贬义词，成为被批判、检讨、嘲笑的对象。于是，人们在"反中庸"中全盘采用西方的过度竞争手段，对自然掠夺的"竭泽而渔"方式，"时间就是效率""时间就是金钱"的理论，以竞争、斗争的现代性观念来取代传统中庸思想节制合度的观念。这导致了"现代性的恶果"和"后现代性的颓败"。其实，这是建立在误读中庸之上的偏颇之见，必须正本清源。

中庸包括两个含义：一是"中"，一是"庸"。"中"是最适宜的，也就是冯友兰先生讲的三个恰当——恰当的限度、恰当的地位、恰当的时间。"庸"呢？规律也，常也，常然之理，不易之则。如二程说"庸"是"天下之定理"。此常是代代相传、亘古不变的，谁如果不这样，那就是一个词：失常。所以中庸被先哲视为上天宇宙和社会运行的大定律，又由此成为人们处理天人关系、人人关系的基本准则。

孔子说："君子中庸，小人反中庸。"君子采纳的方法、遵循的规律即中庸之道是不偏不倚的，不偏不倚就是坚持走正道。人生的道路有多条，人们最喜欢走的是捷径，但是捷径面临很多歧途，可能是断路、绝路、死路、末路。断路没有希望，绝路铤而走险，死路执迷不悟，末路无可挽回，所有捷径的投机取巧，都是不归路！还有一条路，尽管艰难，但对人生来说非常关键，那就是正路。正路不仅仅是一条路，更是对待道路的人生态度。正路就是不偏不倚之路——中庸之路——一条非常难但是唯一能成功的路。"君子中庸"，意味着君子要遵循中庸之道。反过来说，正因为遵循了中庸之道，君子才因此而成为君子。

那么中庸的基本状态，或者说最高表现形态是什么呢？没有别的，就是秩序与和谐。一个社会，一个国家，若能坚持中常之道，则可能有持久的发展与进步。若总是在两极之间跳来跳去，则民不堪其苦，国不堪其乱。然而，坚持中常之道却也不易，往往要受到来自两个极端的夹攻：激进的说你太保守，保守的说你太激进。因此，坚持中常之道，需要冷静清醒的头脑、稳健笃实的品格、坚韧不拔的毅力。"执其两端，用其中于民"，人民就会安居乐业。如果用偏激的方法去做，受害的是老百姓；如果用过分保守的方法去做，不作为的方式去做，受害的也是老百姓。"两害相权取其轻，两端相对取其中。"这个"中"绝不是二分之一的"中"

那样简单而确切，而是说要找到这个事情最恰到好处、合度的解决方式，如同找到黄金分割数的精妙一样。

同学们正在求知求真的阶段，为求得真知，今后成为社会的有用之材，当先学会做人。把中庸作为行为准则，做事要不偏不倚、无过不及与恰当适度。例如，在胆量方面，勇敢是中庸，是美德，过分的勇敢是鲁莽，而缺乏勇气则是怯懦。在金钱方面，取与舍的中庸是慷慨，挥霍与吝啬则是过度与不及。努力学习，学业有成且取得好成绩是中庸，作弊或取巧换来好成绩则是过度。男女同学之间适度得体的交往是中庸，过分亲密和在公众前的不雅行为则是过度。

人的本性好偏颇，青年学子尤其如此。过度与不及是人性的弱点，如贪得无厌、好逸恶劳等。中庸讲的是在过度与不及而造成的两恶之中取其中道，告诉人们如何调配与平衡各种欲望、情感和行为，找到双赢或多赢的最佳平衡点、临界点，最终达于人格的自我完善。

所以说，中庸是一种不保守、不偏激的生存智慧，是一种不偏不倚的均衡美，是一种具有普遍意义的智慧。只要在为人处世上恪守中庸，你就能做到不急不躁，不偏不倚，进退自如，坦坦荡荡，大大方方，游刃有余。

谢谢大家！

伟大黄河情，巍巍中华魂

瞿欣畅

老师们，同学们，大家好！

5月16日清晨，我们高二年级6个班的同学们，带着按捺不住的激动与向往，抵达了历史文化名城、革命圣地——延安。曾经饱受战火摧残，满目疮痍的延安，如今业已是现代化城市，日新月异地快速发展着。火车站附近的广场上，有不少当地居民在晨练，做操、抽陀螺、打羽毛球，街边的商户早早就开始营业。延安给我的第一印象是美好而和谐的，城市的脉搏在有力地跳动着，人民正在大步向前。

当天下午，我们便驱车前往壶口瀑布。沿陕北盘山公路蜿蜒而行，刚刚尚在丘陵之间回转，忽然间便看到了平川一片。当导游提醒我们看黄河的时候，我把前额贴在车窗上，尽力张望着：那一股浩浩荡荡的洪流，沉着而有力地漫过大地，不徐不疾，像是雄狮，从容漫步，傲然自立，昂首睥睨。啊，这就是黄河，中华民族的摇篮，我们五千年古国文明的发祥地！距离瀑布尚远，《黄河大合唱》的乐曲声却已然奏响在耳畔。渐渐地，我们走近瀑布，近距离目睹了壶口奇观：一股浊流飞奔直下，狂沙飞卷，惊涛拍岸，一泻千里。黄河爆发出铁流般的力量，雾气漫天，金光崩裂，排山倒海，汹涌澎湃。一瞬间，我的心全部交给了黄河，这伟大的黄河！

黄河，母亲河，她不见首尾，云里而来，雾里而去，将我的思绪缠入过去，又引向未来。她向南北两岸伸出千万条铁的臂膀，流淌在黄河两岸中华儿女的血液里。五千年的古国文明在这里发源，黄河早已融入了我们一脉相承的情怀，承载着泱泱中华千百年来生生不息的大气魄、大精神。

新石器时代，黄河儿女在母亲河的哺育下，在广阔天地间生产、生活，勤恳劳作，创造了朴素而璀璨的仰韶文明，是为今日源远流长的中华文化的源头之一。珍贵的半坡文化，正肇始于此。

十四年抗战，存亡之际，抗日军队保家卫国，前赴后继，向死而生；人民群众周旋智斗，拼命到底，抡起大刀，狠狠砍向鬼子们的头颅。黄河以它巨人般的体魄，筑成我们民族最坚强的屏障。鲜血洒在黄河之上，只能激起它更加愤怒的嘶吼，让敌人肝胆破裂，她要决一死战！千千万万英雄儿女，在中华大地上高唱一首史诗般的《黄河大合唱》，惊泣鬼神，震天动地，气壮山河，"风在吼，马在叫，黄河在咆哮"！

中华民族多难却不败，无论历史上曾经过多少欢欣与痛苦、光明与黑暗。奔涌浩荡的黄河，冲去我们的痛苦与黑暗，让我们以新的姿态凝聚在一起，以空前强大的斗志面对任何挑战。于是一代代祖国的建设者满怀理想，在广阔天地忘我劳动，艰苦创业，开拓创新，锐意进取，振兴中华。而如今，我们品读民族经典，收获文化自信；我们攻关科技前沿，领跑新时代。如此种种，无一不在说明，中国正不断积蓄力量，一如黄河一日千里，安详而舒展，从容而坚定。

中华民族自古以来就有这样的品质：自立、自尊、自强。这种熔铸在骨子里的情感，当我们亲身面对母亲河，就像一个流浪归来的孩子面对亲爱的母亲袒露一切的时候，就能激荡开来，浸润心田，让中华儿女由衷地深刻认同、深刻体味。眼底黄河水，胸中黄河月，几多黄河情，一生中华魂。

黄河岸边举行了一场《黄河大合唱》演出，呈现了八路军和陕北人民共同抗日、争取伟大胜利的过程，抚今追昔，忆苦思甜，歌声响彻原野，激荡在心。 我们有幸观看了部分演出，与当地群众一道，从历史中汲取力量，走向更美好的未来。

回程路上，我们再一次目睹黄河滚滚而去，坚韧顽强地去向光明、富足而美好的未来。 我的心里不由得响起这一首赞歌：

"我们民族的伟大精神，将要在你的哺育下发扬滋长！我们祖国的英雄儿女，将要学习你的榜样，像你一样的伟大坚强！ 像你一样的伟大坚强！"

谢谢大家！

历览前贤国与家，成由勤俭破由奢

赵　玲

老师们，同学们，大家好！

今天我演讲的题目是《历览前贤国与家，成由勤俭破由奢》。

这句话出自晚唐诗人李商隐的《咏史》。它的意思是：从古到今，国盛家兴，均源于勤俭，而国破家亡，则由于奢靡浪费。

李商隐作此诗是为了悼念去奢从俭、励精图治的唐文宗。唐文宗李昂是唐朝的第十四位皇帝，826—840年在位。他18岁即位为帝，在位初年，大力革除奢靡之风，放出宫女三千余人，下令停废了许多劳民伤财的事，致力于复兴唐王朝，在唐朝中后期诸位皇帝中算颇为勤政的。然他终不敌宦官势力，后抑郁而终，享年31岁。唐文宗已溘然长逝，李商隐在诗中所讲述的"勤俭节约是一个国家和民族兴盛的关键"这个道理却历久弥新。

讲到这里，我想很多同学一定在心中嘀咕："唉，老生常谈，又要讲几个历史故事，讲一堆大道理，让我们勤俭节约！"

好，那让我们先回归到我们自己的现实生活中来。

不知道大家有没有这样的感觉，一家之中，往往是长辈特别节俭，有时候甚至节俭到我们会跟他们发火。比如，鞋子明明已经磨破了，却还要留着，说在家里穿，不碍事；这一顿的饭菜只要没吃完，永远会改头换面地出现在下一顿；居家用的东西，总有几个缠着一点儿胶布，还坚持奋战在"第一线"；而出门办事儿，能走路过去的，绝不坐公交车，美其名曰"年纪大了，多走走，锻炼一下挺好"。以上这些，我的妈妈都做过。我问过她为什么这么节俭，她说："你是不知道以前的日子过得有多难，要吃没吃，要穿没穿，一件衣服，老大穿不了了，老二、老三接着穿，最后补丁满身，还是不舍得扔。你不节俭，吃什么？穿什么？"

从妈妈的话里，我大概能听出来，上一代人的节俭其实是无可奈何的。从前日子是真的不富裕，国家也是真的贫穷落后，物资匮乏，温饱成问题，但中国人民就是这儿节俭一点儿、那儿节俭一点儿，顽强地活下来的，是慢慢地积少成多，把家里日子过好起来的。"成，由勤俭"毫无疑问了。这一"节俭才能让日子过好"的观念直到现在都留在上一辈人的骨子里，即使他们早已衣食无忧。

我们对长辈们节俭行为的不解源于时代的变化。

改革开放以来，中国人民迎来了从温饱不足到小康富裕的伟大飞跃。人民收入迅速增长，家庭财产稳步增加，几乎家家都过上了幸福的生活。物质生活极大丰富之下出生的我们，坐拥穿不完的衣帽鞋袜，仍心心念念新款球鞋；手拿数不清的学习用品，随手乱丢从不在意；开生日宴如"举国同庆"，花钱无数仍不肯罢休。听到这里，你一定会在心里说："我花我自己的钱，正大光明！"甚至有同学会狡辩说："我这是拉动中国经济增长。"

花钱，无可厚非；浪费，却可耻。耻在哪里？首先，我想台下站着的同学，绝大多数现在花的都不是自己挣来的钱，肆意挥霍父母挣来的血汗钱，不知体谅父母不易，此为耻；其次，一切物品，无论是高楼大厦还是铅笔橡皮，无论是一粥一饭还是一针一线，都凝结了无差别的人类劳动，意识不到这些东西需要通过人的辛勤劳动得来，任意糟蹋别人的劳动成果，此亦为耻。至于拉动中国经济增长，更是胡扯，全世界无论哪个国家的经济增长，何曾是通过大肆挥霍来拉动的？

古人云："物以稀为贵。"意思是说稀有的东西更为珍贵。在此，我想将"稀有"的"稀"换为"珍惜"的"惜"。"物，以惜为贵。"一切事物，只有我们珍惜它，才能使之充分发挥价值。惜时，珍惜每寸光阴，时光才不负每一个追逐它的人。惜物，物有所用，物在最温柔的手中得到了最温柔的对待；反之，旧物亦情深，报以我们最长情的陪伴。而惜才、爱才，有才干的人有用武之地，美好的未来才指日可待。每个人都希望自己被珍惜，那每个人就要首先学着去珍惜一切人、事与物。这份珍惜，最简单的，请从节俭做起。

清人朱柏庐说："一粥一饭，当思来处不易；半丝半缕，恒念物力维艰。"治国如理家，官清则民俭，吏廉则风淳，勤俭节约于国于家都是大有裨益的。习近平总书记在庆祝中国共产党成立95周年大会上提醒全体党员都应当坚持勤俭节约，抵御奢侈浪费，同时也要大力弘扬中华民族勤俭节约的优秀传统，让厉行节约、反对铺张浪费在全社会蔚然成风。

谢谢大家！

上善若水，君子如玉

一样花开，两般情致

——由赏花看中华民族的审美特点

梁原草

老师们，同学们，大家好！

春天到了，学校内外百花盛开，校园内的桃花、迎春花、玉兰花竞相开放，微信朋友圈里也是花团锦簇、目不暇接。今天我就谈一谈我们中国人通常怎么赏花，讲一讲我们中国人的审美。

有人可能会问，咱们不是中华优秀传统文化演讲吗？这个赏花、审美和中华传统文化有关系吗？我的回答是：大有关系。同学们，我想问大家，在我刚才提到和没提到的花中，最被我们中国人所看重的，或者说文人、画家笔下描绘得最多的是一些什么花呢？同学们的答案肯定五花八门。但是我觉得，相对而言有这么几种，同学们也应该能够认同，就是梅、兰、竹、菊。为什么呢？这就需要说到我们中华民族特有的审美观。接下来我就从"梅、兰、竹、菊"的第一个——"梅"说开去。

说到梅，我相信在场的从初二到高二的同学，都能够背诵好多描写梅的名句。我想提三首古人、今人写梅的诗词。第一首是王安石的《梅花》："墙角数枝梅，凌寒独自开。遥知不是雪，为有暗香来。"第二首是陆游的《卜算子·咏梅》："驿外断桥边，寂寞开无主。已是黄昏独自愁，更着风和雨。无意苦争春，一任群芳妒。零落成泥碾作尘，只有香如故。"第三首是毛泽东的《卜算子·咏梅》："风雨送春归，飞雪迎春到。 已是悬崖百丈冰，犹有花枝俏。 俏也不争春，只把春来报。 待到山花烂漫时，她在丛中笑。"让我们从这三首咏梅的诗词里，看一看中国人怎么赏花。

首先我们看梅花开放的地点。 这三首诗词写梅花开放的地点都很独特。 第一首是在"墙角"，是不被人注意、不起眼的地方；第二首是在"驿外"，就是驿站外，城市的外面，是郊野偏僻荒凉的地方，那个地方更不起眼，还是在一座断桥边，废墟一样的地方；第三首是在悬崖边，更是高山峭壁、人迹罕至的地方。 它们的共同点就是避开闹市人群，处在不惹人注意、不可能张扬、不可能炫耀的荒僻之地。 我们很难想象在高楼大厦、广场闹市这样的环境中，有那么一株、几株或一片梅花。 且不说这样的地方种不种梅花；即使有，写到诗词里面去，又会是怎么样的一幅样子？ 不可想象。

我们再看这些梅都是什么样的梅。 第一首中是"凌寒独自开"，香气是暗香，隐隐约约、若有若无的，不是扑面而来的浓香；第二首中是"零落成泥"——落到地面成了泥土，依旧"香如故"；第三首中是"已是悬崖百丈冰"——在那样严寒的境况下，"犹有花枝俏"。 如果说第一首叫不张扬、不炫耀，那第二首也是同样含蓄、内敛，也不张扬，而且香气悠远而持久。 同时，第一、第二首与第三首的境界是不同的。 第一首是凌寒自开，暗香悠远，显示出诗人的刚强自守、独立不迁的意志品格；第二首，陆游的"无意苦争春，一任群芳妒"，同样表现了梅花的坚贞不屈，不同流俗。 但这两首作品都流露出一种孤傲、隐逸、寂寥之感，陆游的那首甚至含有浓郁的忧愁。 到了毛主席的"俏也不争春，只把春来报。 待到山花烂漫时，她在丛中笑"，境界就迥乎不同了，不再是孤芳自赏、自怨自艾，而完全是一种自愿的牺牲，一种乐观的奉献，一种达到目标之后功成身退的满足与欣慰。 从文人、士大夫到君子、隐士，再到革命者、志士，精神品格一步步提高。 这样的诗词所传达出的审美取向，是我们中国人特别喜欢的——不是为赏花而赏花，不单是从花的外在形态上做文章，我们在花里面寄托了我们中华民族的人格力量、道德情操，诗人们把某种文化内涵注入了事物当中。有专家学者把中国人的审美特点概括为八个字：形神兼备，情景交融。这是中华民族世世代代在生产、生活当中形成的美学观，而且在这种美学观的基础上形成了我们的道德观、价值观、世界观，它的核心内容实际上已经成为中华民族的文化基因，成为中华民族区别于其他民族的一个标志。我希望同学们了解我们民族的审美观念，并且认识到它的独特价值。习近平总书记曾在和文艺界座谈的时候讲过这样一句话：我们"不能被轻歌曼舞所误，不能'隔江犹唱后庭花'"。他讲的就是一个审美取向问题，值得我们品味、深思。

谢谢大家！

山水之间，尽显知仁

——"知者乐水，仁者乐山"

王 宏

老师们，同学们，大家好！

新学期伊始，很多的老师和同学可能刚刚从外地回京，结束了一段难忘的游程。如今，旅游出行已经成为我们假期生活中重要的一部分。那么，在旅游出行之后，我们是否思考过一些看似极其简单的问题：我们为什么要旅行？为什么要游于山水之间？

很多人可能无需思考，便可回答，为了放松心情，增长见识，正所谓"读万卷书，行万里路"。而我今天想从《论语》中的"知者乐水，仁者乐山"这一则谈起，与各位共同探讨游历山水的意义。

孔子说："知者乐水，仁者乐山。"这又是看似很好理解的一句话，然而，我们可以细思之，知者为何乐水？仁者为何乐山？

国学大师钱穆先生曾如此解释："水缘理而行，周留无滞，知者似之，故乐水。""山安固厚重，万物生焉，仁者似之，故乐山。"依此理解，这句话不仅在说"知者喜好水，仁者喜好山"，更是将知与仁这两种难以言说的德行，借山与水的形象表现了出来。

当我们临水而观，不管眼前是涓涓细流还是滔滔江水，看着这周而复始、缘理而行的水流，你是否会想到我们学习、思考的智慧，其灵敏、快速、流动、变迁就有如这眼前源源不断、缘理而行之水？当我们依山而行，不管行于延绵丘壑还是巍峨高山，是否会想到作为修养最高境界的仁，其可靠、稳定、巩固、长久、包容就有如这眼前之山？ 如此，我们游于山水之间，不仅是因为乐山、乐水，更是因为可在山水之间修养自身，成为如水一般灵敏而富于变化的智者，如山一般稳定而包容、宽厚的仁者。

再细思之，孔子为何用山与水类比仁与知？ 著名学者李泽厚曾说，乐山、乐水，是一种人的自然化。 钱穆先生曾说："盖道德本乎人性，人性出于自然，自然之美反映于人心，表而出之，则为艺术。 故有道德者多爱艺术，此二者皆同本于自然。"钱穆先生强调，道德与艺术皆以自然为本。 不管是人的自然化还是道德及艺术出于自然，皆源自中国古人所提倡的天人合一的思想。 对于天人合一最为直观的理解，就是人与自然的关系，我们的文化传统向来重视人与自然的关系。

依此，我们就可理解中国古代文人为何喜欢放逐山水之间。 李白一生游历山水之间，且将人生的悲喜融入自然之间。 他少年出蜀，意气风发，曾吟"山随平野尽，江入大荒流"；人到中年仕途受阻，吟"欲渡黄河冰塞川，将登太行雪满山"。 自然山水总能使文人墨客感慨世事，寄放情思。

我们细思而知，中国古代的文人墨客将情思寄予山水之间，正是这天人合一思想的影响。 他们向外发现了自然山水，向内发现了自己的志向与德行。 现实中的我们在游历山水之间时又何尝不是如此呢？

但自然不仅在山水之间，当我们结束假期，回归于校园，回归于城市，自然是否就离我们远去了？ 不然。 只要我们拥有欣赏自然之心，自然山水就在我们的身边。 远的不说，近就有我们北京师大附中语文组的邓虹老师，细察自然之变化，历经一年的时间写成《跟着农历走一年：校园二十四节气纪实》。 现在她更将这种感受自然之心传承给自己的学生，带学生漫步于校园的各个角落，看花开花落、万物变化。

游历自然山水能够让我们修养德行，放逐心灵，于俯仰之间，感天人合一之境界。

又是一年春之将至，让我们静待校园中万物之变化。 我们北京师大附中花园里最早开花的总是那株高大的山杏树，从教室的窗户望去，如一片淡粉的云霞；如站至树下，微风拂过，花瓣雨便飘落身下。 愿我们北京师大附中学子有感悟自然之心，能够在春日相约郊外体悟到"暮春者，春服既成，冠者五六人，童子六七人，浴乎沂，风乎舞雩，咏而归"的美好。

最后我借一句诗结束我今天的演讲，"一个人行走的范围，就是他的世界"。 愿我们北京师大附中的学子，以知者、仁者之心行走于世界，行走于山水之间。

谢谢大家！

陶渊明的苦与乐

殷　悦

各位老师，各位同学，大家好！

今天我跟大家分享一些陶渊明的事情，我演讲的题目是《陶渊明的苦与乐》。本来我想讲讲其他人物，但是咱们在场的同学有高中的，也有初中的，所以陶渊明是我们共同熟悉的人。

我上初中时，学习了《五柳先生传》《桃花源记》《饮酒》这几篇诗文，当时特别不喜欢陶渊明，主要原因是不太了解他。老师越说他品德高尚，我就越觉得困惑，他也没有建功立业、济世安民，怎么就高尚了？当时我还写过一篇周记，批判陶渊明辞官这个行为。我的理由有两条。第一，草率地辞官，对彭泽县的老百姓是不负责的。第二，他"不为五斗米折腰"，很可能是嫌工资少，"五斗米"折成现在的计量单位也就是十几斤米（具体的数目，各种考证略有出入）。挣着微薄的工资，还要受到官场各种条条框框的约束，确实不值得。如果是五十斗、五百斗，他还折不折腰呢？

"五斗米"的工资究竟是多还是少，我那时候没有得到答案，没有网络、书籍可查。十几年过去了，我教第一届学生时，也是照猫画虎，告诉大家"不为五斗米折腰"是一种高尚的行为。但上学期，我教第二届学生，第二次遇到《归去来兮辞》，在备课时偶然看到了一篇写"五斗米"的文章。这篇文章的作者考证，按照晋朝官员的俸禄，县令每个月可以领到 2500 文钱和 15 石米，也就是说陶渊明每天的工资约是 83 文钱和五斗米

（1 石等于 10 斗）。

看到这里，我恍然大悟，陶渊明的工资其实挺多的，他自己在《归去来兮辞》的序里也说"彭泽去家百里，公田之利，足以为酒。故便求之"。选择当彭泽县令，一是彭泽县离家近，二是工资不仅可以维持生计，还能够满足他饮酒的需求，可见县令的俸禄不算少。到此，我心里这个十几年的疑惑终于解开了，是我以小人之心度君子之腹了。陶渊明绝对不是心理不平衡，因嫌工资低而弃官，如果是这样，他哪里有什么高风亮节呢？面对一个薪水不错的官位，为了坚守气节，不向小人摧眉折腰，陶渊明潇洒地放下了官印，这才是古往今来人们赞颂他淡泊名利的原因啊。

接下来，我们说说陶渊明的田园生活。通常情况下，大家描述陶渊明辞官后的田园生活，可能都会说自由自在、悠然闲适，好像练习册上的答案都会这么给。我过去十几年也都是这么想的。上学期，我突然想到这个问题，就问了同学们，他的田园生活是什么样子的呢？

从《归去来兮辞》的序中可知，陶渊明做官之前的生活是这样的："余家贫，耕植不足以自给。幼稚盈室，瓶无储粟，生生所资，未见其术。"简单地说，他家境贫寒，孩子很多，耕种庄稼不能自给自足，没办法维持生活。请大家想一下，这难道不是他的"田园生活"吗？他辞官以后，回归的不正是这样的生活吗？他经历过饥寒交迫的生活，为了养家糊口，不得已出来做官。他辞官的时候，难道忘了从前的日子是怎么过的吗？他当然知道，田园生活是苦的。一边是当俸禄不薄的县令，一边是做衣食无着的农夫，在这种选择中，他抛弃了物质需求的满足，却在徒存四壁的家中获得了精神上的自由和解脱——再不用袍服冠带加身，不用低眉顺眼，不用心为形役。

最后回到我演讲的题目《陶渊明的苦与乐》。"五斗米"是物质上的乐，但陶渊明以此为苦，因为他的身体受到束缚，精神不得自由；"田园生活"是物质上的苦，陶渊明以此为乐，因为他获得了心理、精神上的自由。

想清楚这两点以后，我彻底地被陶渊明"圈粉"。十几年前上初中时，真的是误解了他。他在当时的社会中，如果不选择同流合污，只希望自己在官场中"出淤泥而不染"，想必也坚持不了多久。他一个人的力量是微弱的，不足以对抗整个黑暗的官场，他拂袖而去，却在不经意间为后世文人指引了一条精神自由的道路。

当然，同学们现阶段还不会遇到物质与精神对立的人生路口，而且如今的社会环境比陶渊明那时更加多元、复杂，也许我们根本无法将物质与精神彻底分开，但是陶渊明仍是我们可仰望的一颗星，"悟已往之不谏，知来者之可追"。

谢谢大家！

非淡泊无以明志，非宁静无以致远

徐芬芳

老师们，同学们，大家好！

"暗淡了刀光剑影，远去了鼓角铮鸣。" 一千多年前孔明先生的话语依然珍贵如玉，掷地有声——"非淡泊无以明志，非宁静无以致远"。 此话出自诸葛亮 54 岁时写给他 8 岁儿子诸葛瞻的《诫子书》。 这既是诸葛亮一生经历的总结，更是他对儿子的要求。 用现代话来说：不把眼前的名利看得轻淡就不会有明确的志向，不能平静安详、全神贯注地学习就不能实现远大的目标。

淡泊是什么？ 淡泊是宠辱不惊的淡然与豁达，是屡经世事后的成熟与从容。 淡泊的人，会坦诚地面对自己、他人，坦诚地面对人生、社会。有了这种淡泊之心，我们心中就会少些尘杂，我们的志向会因此而更加清晰，更加坚定，是为"淡泊以明志"。 淡泊并不是要我们不食人间烟火，淡泊也不是要我们完全不要名利，淡泊更不是要我们安于现状、没有追求。 越王勾践，在自己受到屈辱时，当自己的帝王尊严被践踏在吴王马蹄下时，当自己的国家在风雨中岌岌可危时，他掷下马鞭，在历史的浮尘中隐藏了倔强和狂傲。 他卧薪尝胆，嚼尽了吴王的狞笑和困难的讥讽，终究留下了"苦心人、天不负，卧薪尝胆，三千越甲可吞吴"的千古绝唱。 是的，他有不屈的信念，忍辱负重，再次迎来了辉煌的尊严。 作为高中生，淡泊之后，我们将会明白，我们处于人生中最灿烂的阶段，我们不怕犯错误，我们有无数的发展可能，我们的精彩人生刚刚拉开帷幕。 明白了这一点，考试失败后，我们还有什么必要痛哭流涕呢？ 我们还有无数次证明自己、超越他人的机会。 在跌跌撞撞的人生道路上，并非时时处处一帆风顺、一马平川。 面对层出不穷的错误，有人望而却步，甘拜下风，错过了战胜错误、铸造另一片天地的机会；有人知难而上，永不言败，不断品尝成功带来的喜悦。 踟蹰行走时，不要凝眸于自己的困境，行走于淡泊宁静中，你会拥有"山随平野尽，江入大荒流"的心境，回眸走过的路，你会发现，其实事物并不像你一开始时看到的那样，错误并不仅仅是一个简单的符号，有时，它能成为你进步的阶梯，成功的垫脚石。

宁静是内心的安然与持重，是陶渊明的"采菊东篱下，悠然见南山"；是禅宗老祖达摩大师的"面壁十年"；是王维的"明月松间照，清泉石上流"；是归有光的"冥然兀坐，万籁有声"。 追求宁静，并不是要我们栖身荒野丛林、深山庙宇。 其实，宁静就在我们的心中。 在我们辛劳工作的间隙，在我们苦苦解题的深夜，学会经常静下心来，思考人生、社会与自我，体会这个世界的博大与人生的深邃，使自己的心灵趋向超脱和深刻。 宁静的你，将不再困惑于市井的喧嚣；宁静的你，将成为心灵的主人；宁静的你，将进入思想自由的崇高之国。 此是为"宁静以致远"。

司马迁熟悉华夏文明，留下了传承民族魂魄的《史记》；李时珍涉足千山万水，遍尝百草，用自己的亲身体验完成了造福于后人的《本草纲目》；纪晓岚精通经、史、子、集，整理出了浩瀚的《四库全书》。 这些都是经过时间洗炼而沉淀下来的。 教育也好，学习也好，都是安静的事业，不需要喧嚣与热闹。 激情燃烧固然可贵，但长期的坚守与投入更加必不可少。 教育目标、学习目标的实现，需要的正是一份宁静，一份执着。

淡泊是一份了然于胸的坦然，宁静是一种一丝不苟的态度；淡泊明志、宁静致远的生活态度是大多数人的追求。 真正的智者，不会困于一时的挫败，不会惊艳于一时的繁花，而是把眼光定格于前方。 拥有一双慧眼，你就会发现，其实，希望并没有可望而不可即，它就虔诚地蛰伏于我们生活中的每一角落。

　　谢谢大家！

上善若水，以水为师

赵马一

尊敬的老师们，亲爱的同学们，大家好！

今天我演讲的题目是《上善若水，以水为师》。

"上善若水"四个字，语出老子："上善若水，水善利万物而不争，处众人之所恶，故几于道。"其意思是：至高的品性像水一样，水善于滋润万物而不与万物相争，停留在众人都不喜欢的地方，所以最接近于道。这一段话出自于《道德经》的第八章，是以自然界的水来喻人、教人。

老子先是用水的性质特点来比喻有高尚品德之人的人格，认为有德行之人的品格就像水一样，"居善地，心善渊，与善仁，言善信，正善治，事善能，动善时。夫唯不争，故无尤"。"居善地"，即水会处于适当的位置，那不一定是最好、最高的位置，有可能是别人最厌恶的地方，但那一定是最适合自己的位置。"心善渊"意为心胸宽广，像深潭一样平静从容。"与善仁"是说与人交往要怀有一颗仁慈宽厚的心。"言善信"是指要诚实守信，不轻易许人承诺，而一旦有所承诺，必定恪守信用。"正善治""事善能"意思是治民皆应顺应大道，无为而治；行事也应效仿水，遵从潮流，圆润而不僵化。而"动善时"是指要顺应自然规律，遵规应时，顺势而为。

老子并列举出七个"善"字，都是受到水的启发。他最后的结论是：为人处世的要旨，即"不争"。也就是说，宁处别人之所恶也不去与人争利，所以别人也没有什么怨尤。 人类一旦拥有了像水一样的品格，就能助人而自乐，与世无争，日子过得恬淡自然，就能避免与他人发生矛盾和冲突，就能免去患得患失的精神折磨。 如果能够使自己的品格如水一般，就能与大道协调，就会免去纷争、痛苦和烦恼，就能过得逍遥自在、轻松愉悦。

如此看来，水的特性有三：一为柔；二为甘居低微之地；三为滋润万物而不与之争。 有高尚道德修为的人也应该具有这样的品格：具有宽广的胸怀，谦逊的品格，与世无争的情操，宽厚诚实的作风。

正是因为水有这些特性，和"大道"十分相似，所以老子说水"几于道"。 水性善柔，大道无形；水善利万物而不争，大道化育一切而不言功劳。 这些最接近大道的本质，也是人类最应效仿的德行。 这就是老子"善利万物而不争"的著名思想。 王夫之对此有这样的解释："五行之体，水为最微。 善居道者，为其微，不为其著；处众之后，而常德众之先。"以不争为争，以无私为私，这就是水最显著的特性。 水滋润万物而无取于万物，且甘心停留在最低洼、最潮湿的地方。 孔子在谈及水时也说过，水的特点和君子的高尚德行相似，譬如滋润万物无偏私有如君子的仁爱，奔赴万丈之渊却毫不犹豫有如君子的果敢，海纳百川最终东流入海有如君子的包容豁达和坚定不移等。 因此孔子说，君子见到大水是一定要仔细观察的。 那么作为中学生的我们，能够学习水的什么品德呢？ 我想，我们最应该学习的是水的谦逊、仁爱、包容。

水的谦逊在于，水虽是生命之根、万物之源，但它从不骄傲自满，从不趾高气扬，而是默默地向低处流淌、在最低处汇集。 作为中学生，见到师长的恭敬问好，公共场合的轻声慢走、低声慢语，课堂上他人发言时的安静倾听等行为，都是谦逊有礼的君子表现。

水的仁爱在于，它遍布大地，滋养万物生灵，却从不要求回报、从不争名逐利。 常言道"己所不欲，勿施于人"，善待他人，不冷嘲热讽，在同学发言紧张时给予一句加油鼓励、一个温暖灿烂的微笑；在同学表现出色时给予一句真心称赞、一个坚定的赞赏眼神，未尝不是和煦春风中的一抹暖阳，照亮人心。

水的包容在于，水遇到阻碍物并不会针锋相对，而是绕道而行，既不计较，也不争论。安德鲁·马修斯在《宽容之心》中说："一只脚踩扁了紫罗兰，它却把香味留在那脚跟上，这就是宽恕。"碰到不同性格的人或者不合群的朋友，我们能做的不是冰冷地疏远他，而是给予充分的理解和包容，给每个人自由成长的空间。

上善若水，以水为师。愿我们如水一般谦逊有礼、善良仁爱、宽容仁厚。

谢谢大家！

恻隐之心

张 鹏

老师们，同学们，大家好！

今天我演讲的题目是《恻隐之心》。

"恻隐之心"，语出《孟子·公孙丑上》。孟子说："所以谓人皆有不忍人之心者，今人乍见孺子将入于井，皆有怵惕恻隐之心。"其意思是：每个人都有不忍人之心，比如见到一个孩子将要掉进井里，我们内心都会受到惊动，并且为其感到伤痛。"不忍人之心"，指的是无论别人的处境好坏，都不忍加恶于人的心理，即不用言语或行为做对人有害的事。"恻隐之心"，指的是对别人的不幸所怀有的同情心，它是产生"不忍人之心"的前提条件。

在孟子看来，同情心非常重要。他说："恻隐之心，仁之端也。""无恻隐之心，非人也。"儒家思想的核心是仁，而孟子认为恻隐之心是仁的开端，没有它，便不能成为真正意义上的人，它是人类全部道德的基础。

西方人也非常看重同情心。18世纪英国哲学家大卫·休谟在《人性论》一书中指出，"同情是我们对一切人为的道德表示尊重的根源"。18世纪英国经济学家亚当·斯密也认为，"人不光有利己的动物本能，还有同情的本能，能够推己及人。正义和仁慈是人类最基本的道德"。

"正义"是不损人，用孔子的话说是"己所不欲，勿施于人"；"仁慈"是帮助人，用孔子的话说是"己欲立而立人，己欲达而达人"。 如果没有了同情心，我们非但不会帮助别人，还可能会去害人，正义和仁慈便无从谈起。 由此可见，同情心是世间首善。 著名学者周国平曾说："善良就是生命对生命的同情。"

《战国策》中有这样一个故事：孟尝君在齐国为相时，门下有食客三千，他曾在薛城放贷收息，以补开支不足。 一年多后，他派冯谖去收款。 冯谖宴请了所有债户，并当众烧毁穷苦人家的债券，百姓深受感动。 后来孟尝君因为谗言丢了相印，退隐薛城。 当地百姓出城十里，夹道欢迎。 消息传到京城，齐王意识到自己偏听偏信，又把孟尝君请回京城，当面致歉。 尽管孟尝君开始并不认同冯谖的做法，但冯谖假借他的名义所表现的恻隐之心，却为他赢得了民众的拥戴，帮他度过了政治风波，并巩固了地位。

撕毁债券居然能带来如此丰厚的回报，这是孟尝君万万没有料到的。 但这是真正意义上的恻隐之心吗？ 显然不是。 首先，孟尝君并没有同情别人，而且当冯谖空手而归时，他还非常不高兴；其次，虽然出身贫寒的冯谖当众撕毁债券，是真有恻隐之心的，但他的真正目的，是帮孟尝君构筑"狡兔三窟"，为他铺好政治上的后路。

真正意义上的恻隐之心，在孟子看来，是一种普遍的、自然而然的道德情感。 他说："非所以内交于孺子之父母也，非所以要誉于乡党朋友也，非恶其声而然也。"其意思是：看到落水儿童而心生同情，并不是因为认识孩子的父母，也不是因为想博得好的名声，更不是因为嫌孩子的哭声难听。 换句话说，恻隐之心本身就是一种目的，而不能被当作满足某种欲求的手段。

据说韩信小时候经常吃不上饭，于是总到河边抓鱼。 有一回，他没抓到鱼，饿得不行了，正好被一个漂母（洗衣服的女人）看到，她把饭菜分了一半给他吃，韩信这才活了下来。 后来韩信遇到高人，学习兵法，当了大将军，记起一饭之恩，就拿了千金去感谢漂母，可是她坚决不受。面对他人不幸，她无私地伸手相助；面对重金回报，她却断然拒绝。后人为纪念她，在江苏淮安建了漂母祠，乾隆曾题"一饭千古"的匾额。一个普通女子，因其高贵的人性光辉，得以为更多的人所敬仰。

在当今社会，我们也从不缺少这种悲天悯人、不求回报的榜样。谭良才、王茂华，一对普通的翁婿，同情烈火中的 6 个孩子，把生死置之度外，抒写了感人至深的英雄壮举；郭明义，平凡的铁矿工人，同情一个患有白血病的生命，二十年如一日，倾囊相助，诠释了伟大无私的慈善心怀。他们的善举，源于纯粹而坚定的恻隐之心；这样的善举，是推动我们社会进步的道德力量。

当然，社会上存在这样一种现象——有人假扮不幸，骗取别人的同情和施舍，实际上却过着衣食无忧的生活。遇到此种情况，受骗的好心人会感到被愚弄，继而愤慨、痛苦；未受骗的看客大概会感到庆幸，继而坚定自己袖手旁观的原则。于是，很多人不敢行善了，甚至不去同情别人了。

一方面是道德准则，一方面是切身利益，我们到底该怎么办？我认为，应当呼唤健全的法律制度，让善良的人得到保护，不善良的人受到惩罚。与此同时，我们应擦亮眼睛，辨别真伪，万万不可怀疑，甚至丢掉恻隐之心。因为如果社会没了同情心，也许会少一些被骗的无奈，但我们一定会失去成倍的感动与温存，一定会收获更多的冷漠与无情。

让我们看看著名的农夫救蛇的故事。它讽刺了农夫的同情心：既然蛇是凶残的，农夫救它，还焦急地转来转去，这不是很可笑吗？所以，很多人会这样告诫孩子——同情心换来的都是恶报。殊不知，这是一个很恐怖的误导，因为，农夫的错误根本不在于怜悯蛇，而在于他的愚昧无知。如果把它装到笼子里或者布袋里，不就没事儿了吗？为什么非得揣进怀里呢？再看那些乐善好施而被骗的人，他们的错误也不在同情心，而在于不明真相。只要我们认清事实，不滥用同情心，就能帮助那些真正需要帮助的人。

同学们，无论何时何地，不要丢下我们的同情心，请去关怀身边的每个人吧！当一个朋友苦于难听的绰号时，我们不做无聊的传播者，便是在帮助他；当一个同学跑步摔倒时，我们不去嘲讽他的窘迫，便是在帮助他……从现在起，积累生活中的点滴小善，我们就是在推动社会的进步。

恻隐之心，人皆"有"之。恻隐之心，人皆"用"之。牢记人类最基本的道德，我们的人生将会获得更多的尊重。

我以此与各位共勉，谢谢大家！

再讲诚信

卫 刚

老师们，同学们，大家好！

根据《尚书》记载，"诚""信"从 3000 年前的西周初年开始，就已经成为周武王、周公所推崇的社会基本道德。儒家诞生后，它们更成为其理论体系中的主要概念。

从字源考察，人言为"信"，成言为"诚"。诚、信二字，都强调了一方对另一方的表达，这里的一方倒不一定仅指某个人，也可以是一个群体对另一个群体的表达。因此，诚、信所含的"言语"，不是孤言寡语，而一定是存在于人际关系当中的。

诚、信强调"言必行"，言行须一致。言行相悖，固非一致；而言而不行，也是言行不一致。故，诚信，强调的是张口发言者、动笔成文者，要真切落实自己的言语，也就是如话所说，切实履行自己的承诺。

作为老师的孔子，对弟子解释守诚信的必要性："人而无信，不知其可也。"（《论语·为政》）诚信，是人必须要有的道德。从此，"为人须诚信"的观念成为儒家的主要观念，一直绵延至今。

《春秋穀梁传》沿用、补充了孔子的思想，也用反问句式说明了人作为人，就应该言而有信："人之所以成为人，是因为能够言语。人的言语之所以能成为有意义的声音，是因为能够表达承诺，进而履行承诺。如果说了不履行，言语还有什么意义呢？履行承诺的原因，是因为那样符合道义。

如果不符合道义，那还是道义吗？"①

南宋陆九渊说："人而不忠信，何以异于禽兽者乎？"（《陆九渊集·主忠信》）明清之际的黄宗羲也说："诚则是人，伪则是禽兽。"（《孟子师说·卷七》）儒家反反复复地讲：真诚，是人与禽兽的根本区别之一；没诚信，还是人吗？和畜生有什么区别呢？

孔子为劝世人守诚信，还从是否履行承诺而引发的结果，来警醒世人。《论语·颜渊》说："民无信不立。"民众不讲诚信，这个国家就要灭亡了。《论语·卫灵公》记载："忠诚有信，言行一致，才能得到他人的信任；即使是在蛮荒陌生的地方也会行得通；如果说话不诚实，行为不恭敬，就是在本乡、本土，也处处受阻啊。"②

由于儒家强调为师、做领导的人必须以身作则，孔子更针对君主分析诚信："主忠信。"（《论语·子罕》）而"民无信不立"（《论语·颜渊》），也可以理解为：君主不诚信，则民不信君主，民的内心就分崩离析了，这个国家也就不能好好存在。

北宋的程颐则从个人的成败来揭示守诚信的意义："学者不可以不诚，不诚无以为善，不诚无以为君子。修学不以诚，则学杂；为事不以诚，则事败；自谋不以诚，则是欺其心而自弃其忠；与人不以诚，则是丧其德而增人之怨。"（《河南程氏遗书》）

儒学的诚信思想，发展到战国时期，开始强调诚信与自我修养的关系。子思指出，真诚是自我的完善。③ 孟子承袭子思，也强调诚信是对

---

① 参见《春秋穀梁传·僖公二十二年》："人之所以为人者，言也。人而不能言，何以为人？言之所以为言者，信也。言而不信，何以为言？信之所以为信者，道也。信而不道，何以为道？"

② 参见《论语·卫灵公》："子曰：'言忠信，行笃敬，虽蛮貊之邦，行矣。言不忠信，行不笃敬，虽州里，行乎哉？'"

③ 参见《中庸》："诚者，自成也。"

个人内心的有益的修养："为人，就是要忠于自己的心，不要自己骗自己。"①这也就是后人所说的"别缺德，别欺心"；而"发自内心地守诚信，是多么多么快乐的事啊"。② 《礼记·大学》说："所谓诚其意者，毋自欺也。"《礼记·儒行》："儒有不宝金石，而忠信以为宝。"

战国末期成书的《吕氏春秋》指出，做君主的一定要守信。守信的君主，自然能得到臣民的信任。臣民哪能不亲近自己的君主呢? ③ 《吕氏春秋》是汇聚百家之说的作品集，得到了信服法家的吕不韦的首肯，可见诚信到战国末期已成为有识之士的共识——中国成为信义之邦，久远矣。

两汉以来，诚信被中国人奉作为人、处世的基本观念和行为准则。

时至今日，寰球之内，发达的信息使我们总能看到政、商、学、艺各界中的负面人物，他们给社会带来负面影响，自食身败名裂的恶果。发达的信息社会，为我们时时敲着守诚信、做君子的警钟。

当今时代，诚之意义更偏重人内在的真诚，信之意义更偏重人外在的信用，召唤着人们内外兼修诚与信。你看，就连我们身边许许多多同学的名字，如"一诺""信成""慕诚"，都表达着仁爱、智慧的父母对自己孩子的终生成长，有着更美好的企盼呢!

谢谢大家!

---

① 参见《孟子·尽心上》："内诚于心，真实无欺。"
② 参见《孟子·尽心上》："反身而诚，乐莫大焉。"
③ 参见《吕氏春秋·贵信》："凡人主必信。信而又信，谁人不亲?"

君子如玉

余佳蔚

老师们，同学们，大家好！

今天我想和大家分享一些关于玉的故事，我演讲的题目是《君子如玉》。

我在初二那年，第一次读到了《红楼梦》，当时对人物的名字觉得有些疑惑：叛逆不经甚至有些尖锐刻薄的黛玉和妙玉，曹雪芹用温润的玉赋予她们名字；而与之相反，符合封建道德礼教、圆滑温和的宝钗，曹雪芹却避开了"玉"字，改用锋利的"钗"字为其命名。人们不是一直说"君子温润如玉"吗？黛玉和妙玉真的配做"玉"吗？

说起玉，我们都不陌生。这种特殊的石头，拥有高贵、圣洁、美好的寓意。古人说，"君子无故，玉不离身"，大丈夫"宁为玉碎，不为瓦全"，美丽的容颜是"花容玉貌""如花似玉"，高贵的品质是"冰清玉洁""温润如玉"……甚至凿石索玉所阐述的道理也让我们明晓玉的珍贵。其实，在远古时代，玉不过是一种装饰品。随着礼乐制度的推进，玉逐渐成为一种祭祀的礼器。与此同时，玉的温和、坚韧、无瑕、细腻的特质逐渐和人的德行联系在一起，因而形成了"君子如玉""君子比德与玉"的观念。那么，什么样的君子可以用玉来比附呢？

让我们先回到中国古代诗歌的源头《诗经》上来。《诗经·秦风》中说，"言念君子，温其如玉"。温，是指温和、温厚、温柔。温者给人温暖，如春风旭日。如此说来，宝钗正是温厚敦良的大家闺秀。但我总觉得她还缺少一点玉的特质。 温，只是就玉的温度而言，而玉作为一种石头，其质地的坚硬和坚韧更为重要。 这种硬度，其实就是一种正直和坚持的态度。 《尚书·尧典》中提到"直而温，宽而栗"，即正直是立身之本，而温和是待人之法；宽容是容人之量，而明辨是坚守之道。 因此，玉是有棱角的，由于其坚韧，玉需要打磨。 也许这就是为何《诗经·卫风·淇奥》中会提到"有匪君子，如切如磋，如琢如磨"了。 真正的君子是需要经受风雨磨炼的。 一个宽厚温柔的人，还不能称得上是真正的君子；一个经历过苦痛而能坚守初心、辨别是非又温柔敦厚之人，才是真正的君子。

最近，短片《在下东坡，一个吃货》让"千古一人"的苏轼又火了一把。 人们常津津乐道于他的文学成就，而很多人不知道的是，苏轼在做人方面，也同样出色，宛若璞玉。 1101 年，苏轼遇赦，结束七年流放从海南北归。 当时传闻，他将要入朝拜相。 当年迫害他的章惇，如今垂垂老矣，其子章援特意写了一封长信，请求苏轼的原谅。 苏轼只写一句："但以往者，更说何益，惟论其未然者而已。"过去的事就让它过去吧，不用多说，不必长吁短叹。 半世颠沛流离都是拜对方所赐，而苏轼却用一句话就让往事化为尘埃。 但这种温柔宽厚，并不意味着苏轼不分是非，没有原则。 熟悉苏轼的人都知道，他既得罪于变法的王安石，又不苟同于恪守旧制的司马光，他只坚持自己心中的真理，因此才屡次遭贬流放。 因此，"直而温，宽而栗"，用在苏轼身上，再恰当不过了。 苏轼一生，可谓是如玉的人生。

当今社会，快节奏的生活让每个人都脚步匆匆，在彼此交往的过程中，我们似乎缺少了一些"君子如玉"的气度，缺少了一点"直而温，宽而栗"的态度。 在公路上频发的司机"路怒症"，是缺乏宽厚体恤之心的表现；在公交车上扰乱司机工作、危害公共交通安全的违法行为，是丢失是非准则、只顾自己不顾他人的体现；网络社交平台上人肉搜索和网络暴力横行，是没有判断能力、随波逐流的外化……如此看来，我们是时候呼吁学习玉的温润、玉的坚韧、玉的纯净了。

现在，让我们再回到《红楼梦》中的人物名字问题，那个曾经困扰过我的微小细节，似乎可以迎刃而解了。 一个只有温而没有韧的人，是不能称为"如玉君子"的。 因为一块玉在成为玉之前，它毕竟是石头，既然是石头，其坚韧不屈的品质就应得到保留。 黛玉也好，妙玉也罢，她们都有相似的一点，那就是坚守自己所追求的东西，可能是爱情，可能是纯洁，可能是自由。 而圆滑世故的宝钗，可能就缺少了一种可以让她坚守一生的信念与追求。 如若一个人既没有玉的温，也缺乏玉的韧，别说是"玉"了，就连"钗"，也很难能与她进行比附了吧。

同学们，谦谦君子，温润如玉。 你要想成为"君子如玉"之人，就要接受"如切如磋，如琢如磨"的风雨历练。 你，准备好了吗？

谢谢大家！

水墨人生

张 洋

老师们，同学们，大家好！

我今天站在这里，希望跟大家分享一个话题：人生是什么颜色的？

我曾问过很多学生，他们的回答各不相同：有人说是红色的，因为人活于世就要不断奋斗；有人说是紫色的，因为它有蓝色的镇静和红色的热情；有人说是黑色的，因为当各种颜色混合到一起的时候，便成了黑色……

答案无一。如世界本就多彩一样，每个人对人生的阐释也各有其特色。只是，在我的心中，总有一种色彩如此动人，那便是——水墨。

水墨，本是中国绘画的一种表现形式。一点墨，融入水，随水性而润、沁、浓、淡，蘸于纸上，洇晕成一幅儒雅的水墨丹青。水墨总让人感到那样悠然、儒雅、诗意，它写意而出，随性而为，仿佛点点烟岚雨露，如月下飘摆摇弋的柳枝，又如湖上泛舟而生的闲愁。

艺术与人生相通，不同的艺术表现形式也折射着不同的人生理想，水墨便是那淡泊、悠远的最好代言。繁花似锦、烈火烹油的人生固然精彩，然无论处事还是做人，这般都必不能长久。郑板桥有一联曰："青菜萝卜糙米饭，瓦壶天水菊花茶。"安贫若素、达观悠然——这便是朴素淡泊的境界，这便是我心中的水墨人生。

水墨，说到底，就是一种博大的胸怀。洪应明说："宠辱不惊，闲看庭前花开花落；去留无意，漫随天外云卷云舒。"古往今来，真正能达到这种境界的人，却总是寥寥。而每逢提起水墨，我总会想起两位大家，一个死里逃生后不以己悲，一个被人追捧依然不以物喜。他们的名字，是苏东坡和钱锺书。

苏东坡的豪气众所周知。他高歌"大江东去"，仰头把酒问天。然而，豪情万丈的才子又有被流放至黄州那样蛮荒之地时的浪漫心思。江边选块土地驻足玩赏，冬夜炉火焖着"东坡肉"，后院拔几根竹笋做下酒小菜……诗词歌赋从不停歇。这就是苏轼身上的水墨气质：在逆境中依然达观，平和地排解心中的抑郁愁苦、惆怅失落，用悠然淡定来抵御世间的一切凄风苦雨。

钱锺书，身上散发着书卷气，名利于他像是别人篮中的蛋。他只专于自己的文学，不为其他事物所左右。"文化大革命"时期，这位二十几岁便名扬四方的文化巨匠竟被指派在一名女清洁工的监督下打扫厕所，但他却能一直幽默乐观地生活，并完成了学术著作《管锥编》。"管锥"喻意"以管窥天，以锥指地"，其广博的思想和浩瀚的内容使人震撼。进入新时期，随着电视剧《围城》的热播，钱锺书的新作旧著，被争先恐后地推向市场。面对火爆的市场，钱锺书却始终保持静默。对所谓的"钱学"热，他总认为"吹捧多于研究""由于吹捧，人物可成厌物"。可以说，正是达观直率、淡泊名利的水墨特性凝聚成了钱锺书宠辱不惊的人格魅力。

《庄子·逍遥游》中有一个经典的比喻："鹪鹩巢于深林，不过一枝；偃鼠饮河，不过满腹。"其意思是说，一只小小的鸟在森林里面，即使有广袤的森林让它栖息，它能筑巢的也只有一根树枝；一只小小的鼹鼠在河里饮水，即使有一条汤汤大河让它畅饮，它顶多能喝满它的小肚子。人总是有欲望的，然而人生有涯，无休止的欲望对自己而言是种压力，更是一种伤害。祛除自己内心痛苦之源的办法，便是懂得水墨精神并为之而行。

惠宗禅师酷爱兰花，在外出云游时，他吩咐弟子看护好寺院里的数十盆兰花。弟子们对这些兰花照料得很精心。有一天，他们忘记将兰花搬回房中。而当晚偏偏就狂风大作，暴雨如注。待第二天查看时，院中已是残花败叶，一片狼藉。几天后，惠宗禅师返回寺院，众弟子忐忑不安地上前迎候，准备接受责罚。孰料，得知原委后，惠宗禅师平静地对众人说："当初，我不是为了生气而种兰花的。"一句淡淡的话，令在场的弟子们无不肃然起敬。

拥有水墨精神，便是超越所有的功名利禄之心，拥有健康的人生心态和快乐的生活状态，感悟人生的最高境界。

或许，青春的你们需要绚丽的色彩，需要张扬的个性。然而，生命总是由无声到有声再到无声，人生也必然会经历从无色到有色再到无色的变化，这是一个凝聚与包容的过程。这不是看破红尘后的消极逃遁、经历挫折后的无言引退，而是返璞归真，用一颗天真的心，去面对世界，让我们的生命回到赤子的烂漫状态。历经人生起伏的邓小平曾说过："人生像一首歌，有高音也有低音；人生像一幅画，有冷色也有暖色；人生像潮，有潮起也有潮落。我们应当多一份坦然，多一份豁达。"镌刻着月白风清、天高云淡的水墨人生，丰盈着的就是一种淡泊情怀。

因此，同学们，不要以为水墨似的淡泊意味着与世无争抑或鹤立鸡群式的清高，更不要以为那是一种枯寂的生命状态。水墨人生并不推卸责任，并不拒纳使命。"水墨"只是守住人生的本真，认认真真地做好分内该做的事，清清白白地做个正直的人。水墨人生如中国写意画，形简淡雅却意蕴丰厚。这是中国文化的精华所在——澄澈圆通、内质充盈，它能令我们在喧嚣的世俗中保持清醒，于纷乱的人世中求得平衡。

谢谢大家！

士须弘毅，任重道远

张　洋

老师们，同学们，大家好！

今天是国庆节前的最后一个升旗仪式，我想跟大家分享一点儿生活的体验。

前几天我刚上小学的女儿对我说："妈妈，我真想快点儿长大啊！"刚上幼儿园的妹妹马上就附和姐姐："我也要。"我询问后又揣测了一下她们的想法，无非就是长大了可以吃更多的甜点，可以自己去买漂亮衣服，可以在游乐场玩更多的游乐项目……有意思的是，我们高三年级刚刚写完一篇作文，针对"90后"不想长大的现象谈认识，有不少同学都支持"不想长大"的想法。他们的理由是，长大了，成年了，就不能放肆地说想说的话、做想做的事，托口自己还小、还不懂事，别人也不会再宽容、包涵一个不再是孩子的人。

这就是人生的矛盾之处，小的时候，我们急切地期盼长大；长大了，又无比希望停留在孩童或少年时代。小孩子对成年的理解是可以享受更多的权利，而成年人对孩童时代的怀念则是因为可以不用承担责任。每个人都希望多享权利而少担责任，"不想长大"自然就成了一些成年人回避责任的绝佳借口。

时间的脚步不停，长大是无法避免的，如何面对成长后的自己，的确是我们应该认真思考的问题。我们固然不希望看到老气横秋的少年，但更不希望看到装嫩卖萌、毫无担当的"巨婴"。

曾子说："士不可以不弘毅，任重而道远。"在我看来，对这句话的理解，可以有两个层次。第一层，是担责，对自己负责，对家人负责，对社会负责。《不想长大》唱得多了，最终会演变成一种虚空的理想主义。有的人日复一日窝在沙发里刷微博，把平日的不满唰啦唰啦地敲出来宣泄一空，因为用不着为此言论负责；有的人理直气壮地朝年老的父母伸出手去，用沾了父母汗水的钞票构建自己的童话世界，而不去追求一个目标，甚至一方务实安稳的生活。生活会给我们很多磨难，但想想那些感动中国、值得敬重的普通人，哪个不是在挫折中勇敢挺起腰身，担起责任的？你们的初高中课本里各有一篇史铁生的文章，对这个人，大家并不陌生。如果史铁生走不出磨难与荫蔽，如果他不肯接受身上背负的对母亲、对生活的责任，我们也就失去了一位生命的哲人。

第二层，是弘毅。所谓弘毅，是抱负远大，刚强勇毅。孔子、屈原、范文正公，课本中的先贤并未离我们远去；赵世炎、钱学森，校友们的榜样就在我们身边。我们要做的，不是钱理群先生口中"精致的利己主义者"，而是放眼世界、勇于担当的有志青年。我们需要更多有高远目标、担当起责任的继承人，唯有如此，我们的国家才会是一个在纷繁世界中担当责任的民族。前段时间的现象级电影《战狼2》，其火爆固然因为它长了国人的志气，激发了民族自豪感，但其中树立的心怀天下的国家形象，更是吸引西方媒体关注的亮点。从这个意义上讲，放眼世界，在国际事务和交往中树立负责的形象，是一个国家向外发展的基石。

"士不可以不弘毅，任重而道远。"2015年7月，习近平主席在给全国青联第二十六次代表大会的贺信中特别引用了这句话。习主席指出，国家的前途，民族的命运，人民的幸福，是当代中国青年必须和必将承担的重任。 对我们来说，起点还很稚嫩，未来的路还很漫长，唯有坚守高远的目标，打磨坚定的意志，保持高尚的心性，才会不辱风姿、不负重托。

　　谢谢大家!

见贤思齐

陶小苏

老师们，同学们，大家好！

今天我演讲的题目是《见贤思齐》。

见贤思齐，意指见到有才德的人就想着与他齐平，语出《论语·里仁》："子曰：'见贤思齐焉，见不贤而内自省也'。"这是孔子说的话，也是后世儒家修身养德的座右铭。"见贤思齐"是说好的榜样对自己的震撼，驱使自己努力赶上；"见不贤而内自省"是说坏的榜样对自己的教益，要学会吸取教训，不能跟着堕落下去。孟子的母亲因为怕孟子受到邻居的影响，连搬了三次家；杜甫写诗自我夸耀"李邕求识面，王翰愿为邻"，都说明了这种榜样的作用。

这就出现了两个问题，一个是什么是"贤"？一个是怎么"思齐"？

什么是"贤"？"贤"是有道德的、有才能的人。"贤"是榜样，是我们学习的对象。我们知道榜样有很多种，既有历史上的贤德之人，也包括当代各类劳模、英雄、知名人士等。而我所说的"贤"，更多的应是我们身边的榜样，我首先提倡的是同学们更应该向身边的榜样学习。

我和北京师大附中的交往已经有 30 多年了，无论是在北京师大附中读书的中学时代，还是在北京师大附中工作的教师时代，我身边有着很多值得我学习的榜样。我在虚心地向榜样学习的过程中，促进了自己的成长、提高。 过去的毕业生曾说我做老师有"杀手锏"，这"杀手锏"实际上都是北京师大附中一批批名师对我的影响和帮助的结果。 如被评为北京市劳动模范、荣获全市中学教育界有名的"特级教师"称号的尚兴久老师、顾长乐老师、时雁行老师等，他们的共同特点是师德高尚，学识渊博。 当年，他们以炽热的爱去拥抱、讴歌、传播真善美，用心血和汗水浇灌、培育北京师大附中的花朵。 他们让我对化学产生兴趣，让我喜欢语文阅读，让我知道怎样关爱学生，让我学会一丝不苟地工作。正是这些身边的榜样，使我明白了学习、工作的方向和方法，向他们看齐也成为我成长的动力。

同时，在我们北京师大附中，历史上也有着无数令我们骄傲、自豪的优秀毕业生。 就是在当下，在我们班级里，在我们年级里，在我们校园里，仍有着很多在各个方面表现出色的榜样。 有努力学习、才能突出的榜样；有不怕困难、勇于攻坚、挑战自我的榜样；有为集体做贡献，帮助同学、助人为乐的榜样；等等。 身边的"贤"无处不在。 这些同学是你们的同龄人，他们能做的，你们都应该努力学习，向他们看齐。

那么，怎么"思齐"？ 我认为，要潜下心来，放出眼光，用我们的慧眼去发现身边点点滴滴的好思想、好品质、好精神、好行为，并努力学习之。 进一步说，我们仅学习这些显见的表现还不够，在此基础上，还要向他们的人生观、价值观"思齐"，要向他们努力的过程和成功的方法"思齐"。

学习一个人，要学习他是怎么思考问题的，因为思维的方式决定认识的深度、广度和高度。 看问题的角度不一样，深度、广度不一样，获得成功的机会也不一样。 学习一个人，要看他是怎么做的。 在追求成功的路上会充满坎坷，我们既需要有克服困难的勇气和意志品质，也需要有走向成功的方法路径。

见贤思齐，让我们从身边学起，从眼前做起，通过自己的努力，使自己有一天也能成为这样的人。

最后，祝愿同学们努力成为他人"思齐"的榜样，成为优秀的北京师大附中人。

谢谢大家！

何以为"圣"

卫　刚

老师们，同学们，大家好！

前一段时间，同学们的演讲中，谈到了"学神""学霸""学渣""学酥"，但没提到"学圣"。"圣"，圣人的"圣"，神圣的"圣"。

从"学神"到"学渣"，同学们都给出了定义。那什么样的学生可被尊称为"学圣"呢？

今天，我们就来谈谈，在中国传统文化背景下，何以为"圣"。

中世纪欧洲的圣人，都跟基督教密切相关。

而中国古代的圣人，除古代传说中的贤德明君（尧、舜、禹）之外，还有"医圣""书圣""诗圣""画圣""茶圣""武圣"……"圣"，在中华优秀传统文化中，是后人对某一领域的巅峰性典范人物的敬称。

思考这些圣人何以被后人尊称为"圣"的过程，能使我们更深切地感悟中国传统文化的发展规律与内涵。

我们先谈东汉末年的"医圣"张仲景。

张仲景从小很喜欢医学，受家族世代官宦的影响，他为文、理政都很出色，因而做过太守。

时值汉末，朝廷黑暗，诸侯割据，战乱频繁。曹孟德有诗云"白骨露于野，千里无鸡鸣"——尸积如山，来不及掩埋；老百姓食不果腹，体质衰弱，抵抗力下降。所以，瘟疫流行。张仲景的"宗族素多，向余二百。

建安纪年以来，犹未十年，其死亡者，三分有二……感往昔之沦丧，伤横夭之莫救"。

张仲景"观今之医（生），不念思求经旨……单竞逐荣势……唯名利是务；以演其所知，各承家技，始终顺旧"。于是，他"勤求古训，博采众方"。

当时，张仲景做长沙太守，每天办公之余，他就在办公的大堂上，为从四方来求医的老百姓无偿地看病、舍药——这就是今天"坐堂医生"的由来。

综合先人理论、自身治病的经验，张仲景形成了自己的医学理论体系。他编著的《伤寒杂病论》，确立了"辨证施治"的原则，也就是根据病人因病而显现的内外特征，以不同的手段与药方治疗——这就是具体问题要具体分析、解决，开后世千年医表，影响波及东亚、东南亚多国。

"书圣"是东晋的王羲之。

他也出身官宦大族。当时，是士族政治的高峰时期，王、谢、顾、周等大家族，累世把持高官之位。其子弟们，不学无术，不以为耻；竞以奢华、妩媚为美，以终日沉醉、服药为上，以标新立异为荣。而王羲之与众不同，他执着追求着高雅的文化。永和九年（353）暮春之时，酒醉之后，王羲之兴之所至，挥毫而就《兰亭集序》，辞文并茂，流传千古。《兰亭集序》的行文，悲悯地探求了"死生亦大矣！岂不痛哉！"——人生的终极命题。《兰亭集序》的书法，完整展现了王羲之隽秀、疏朗的笔风。时至初唐，欧、褚、虞、薛四大书家，无一例外，反复临摹《兰亭集序》。

盛唐的杜甫，后人尊之为"诗圣"。他终生锤炼着自己的诗文，"为人性僻耽佳句，语不惊人死不休"。其诗主题，或歌咏祖国山河壮丽，或感时溅泪、忧国忧民。而诗句"两个黄鹂鸣翠柳""此曲只应天上有"等，脍炙人口。杜甫后半生，尤其颠沛流离。当"八月秋高风怒号，卷我屋上三重茅……南村群童欺我老无力……公然抱茅入竹去"，杜甫"归来倚杖自叹息"后，不是咬牙切齿，而是盼望"安得广厦千万间，大庇天下寒士尽欢颜！风雨不动安如山。呜呼！何时眼前突兀见此屋，吾庐独破受冻死亦足"！

试问，中国古代这些圣人，何以为"圣"？归纳他们的生平，我们能概括出：

其一，虽然这些圣人，大多处于乱世，但始终坚持有所作为。

其二，他们能大有作为，是基于自己浓厚的兴趣爱好，并坚持不懈地深入探究——都是探究型的人才啊！

其三，他们都注意从古人那里继承，又勇于创新——都是创新型人才。

其四，他们创新性的成就，堪称典范，对后世影响深远。

其五，他们人格高尚，都有悲天悯人的情怀。

古代的中国人，并不把"圣"的名称，轻易地予人。既然被敬之以"圣"，那就一定是德为人先、行为世范、德才兼备、备受敬仰的人。

那么，同学们，什么样的同学可以被咱们尊称为"学圣"呢？

我们北京师大附中，能不能出自己的"学圣"呢？

这就是我今天的演讲，谢谢大家！

人而无信，不知其可也

俞　珺

老师们，同学们，大家好！

孔子说：“人而无信，不知其可也。大车无輗，小车无軏，其何以行之哉？”

孔子用马车上的关键零件来比喻信在人与人之间也就是在社会中的作用，意思是说，如果没有信，人就不能成其为人，社会就不能正常运转。在《论语》中孔子也多次提到信，可见信十分重要。

钱穆先生说：“正如人类社会，有法律契约，有道德礼俗，所以为指导与约束者纵甚备，然使相互间无信心，则人事仍将无法推进。信者，贯通于心与心之间，既将双方之心紧密联系，而又使有活动之余地，正如车之有輗軏。”

对于一个人是这样，对于一个国家也是这样。周幽王为博美人褒姒一笑，不惜烽火戏诸侯，美人笑了，但却失信于诸侯。当敌人真的到来的时候，即使再点起烽火，诸侯也不会来救了。

而商鞅变法的成功，就在于取信于民。商鞅在秦国国都南门立了一根木头，说谁能把它搬到北门，就赏十金，没人相信他。后来，他又把赏金提高到五十金，终于有人搬动了木头，也获得了赏金。立木为信，奠定了商鞅变法成功的基础。

人在童年时期都是不讲信用的，或者说，不知道什么是信用。

　　我儿子不到 3 岁，在游乐场玩海洋球玩得不亦乐乎，我说："回家吧。"儿子说："我还没玩够呢。"我说："咱们走吧，妈妈带你去吃冰激凌。"儿子说："我不吃冰激凌。""你确定吗？""我确定。"

　　过了一会儿，孩子玩够了，说："妈妈，我要吃冰激凌。"我说："不行，你刚才说了不吃。"我们要让孩子从小就知道，自己说的话，自己要负责任。

　　我想起曾子杀猪的故事。曾子的妻子去逛市场，儿子哭着要跟着去，曾子的妻子说："乖乖在家等着，妈妈回来给你杀猪吃。"妻子回来后，吃惊地发现曾子真的在杀猪。妻子说："我只不过是和小孩子开玩笑罢了。"曾子说："小孩子就像一张白纸，只会模仿大人的行为，你是不能和他开玩笑的，对待小孩子，也要讲信用。"

　　人类社会同样会经历信用难题。

　　几年前，农村搞订单农业，来了个收玉米的公司，和大家签订了合同，秋天按照两块钱一斤收购玉米。这个价格要比往年高几毛钱，大家都欢天喜地地签订了合同。到了秋天，玉米价格大涨，不但超过了往年，还比合同里约定的两块高几毛。于是大家想毁约，不想卖给公司了，公司不肯涨价，要告农民。

　　在这个事件里，我不想谴责任何一方，因为如果当年玉米价格跌了，农民自然欢天喜地地去卖，公司却也不一定会顺顺当当地按合同收。

　　这样的事情在城市里也会发生。

　　头几年楼市不好的时候，经常会发生业主打砸售楼处的情况。也是，一万一平方米买的房子，两个月以后变了八千，谁不想去退房或者要补差价？但是，如果他们知道几年以后房价会翻好几倍，不知道他们会不会去找开发商补钱。

　　没错，这个社会是需要契约精神的。

　　几年前，网约车刚兴起的时候，我有一次打车，因手机信号不好，没有支付成功。我说回家再给，司机死活不干，硬是让我给了现金才允许下车。

时至今日，我打车再也不用惦记给钱的事了，小额支付早已开通了免密码自动支付，就算偶尔电子钱包没钱了，第二天再用的时候，软件也会提醒我支付昨天的车费。司机也再不会在下车前催人给钱了，而是抓紧时间去拉下一个活。

信用体系的完善，除了依靠个人素质之外，更要依靠成熟的硬件与合理的制度。

这正如开头我提到的钱穆先生的话："信者，贯通于心与心之间，既将双方之心紧密联系，而又使有活动之余地，正如车之有辊轨。"

所以，那天到天黑，我儿子也没有吃上冰激凌。

没错，吾日三省吾身，其中重要的一条就是，与朋友交而不信乎？

人而无信，不知其可也。

谢谢大家！

己所不欲，勿施于人

安　然

老师们，同学们，大家好！

我演讲的题目是《己所不欲，勿施于人》。

1993 年，为纪念世界宗教会议召开一百周年，各国代表在美国芝加哥召开了世界宗教议会，会议通过了《全球伦理宣言》。这份宣言中提到了一条在所有的生活领域不可取消的规则，即"己所不欲，勿施于人"。2012 年，奥利维埃·迪鲁瓦在《黄金律》中介绍，自公元前 5 世纪开始，意义等同于"己所不欲，勿施于人"的道德黄金律不断出现在多种宗教教义中，更两度被写入法国宪法。由此可见，"己所不欲，勿施于人"是世界上多个不同文明在互不知情的年代里各自提出，却又高度一致的道德观念。

孔子在《论语》中两处讲到"己所不欲，勿施于人"。一是在《论语·卫灵公》中，子贡问曰："有一言而可以终身行之者乎？"子曰："其恕乎！己所不欲，勿施于人。"二是在《论语·颜渊》中，仲弓问仁，子曰："出门如见大宾，使民如承大祭。己所不欲，勿施于人。在邦无怨，在家无怨。"另外，孔子在《中庸》中也重申"施诸己而不愿，亦勿施于人"。我们的古仁人孔子，在弟子询问什么是可以终身奉行的人生准则时，不止一次地给出了"己所不欲，勿施于人"的答案，即自己所不想要或不喜欢的任何事物，都不要加给别人。

《论语·雍也》中记载着孔子对子贡所说的另一句话："夫仁者，己欲立而立人，己欲达而达人。能近取譬，可谓仁之方也已。"钱穆先生注解为：自己要事事行得通，同时也使别人事事行得通。自己想立，便也帮助别人立。自己想达，便也帮助别人达。

《论语》中的"己欲立而立人，己欲达而达人"和"己所不欲，勿施于人"这两句话从正反两个角度出发，构成了孔子提倡的仁和忠恕的部分内涵。这两句话用现在的语言去解读，就是推己及人、换位思考、设身处地为他人着想。这就是孔子告诉我们处理个人与他人道德关系的基本态度和要求。

孔子的主张看似简单，但要事事做到却不容易。所以孔子说这是可以"终身行之"的准则。

想必大家都读过孙叔敖（春秋时楚国令尹）杀两头蛇的故事。孙叔敖幼时出游，见到两头蛇，将其斩杀并掩埋入山丘。母亲见他哭着回家，便问他为何哭泣。孙叔敖回答道："据说见到两头蛇的人一定会死。刚才我见到了两头蛇，担心自己会离开您而死去。"其母问："蛇现在在哪里呢？"孙叔敖说："担心别人看到两头蛇而丧命，我已将其斩杀了。"东晋名臣庾亮也有"不卖的卢"的故事。庾亮骑乘的马中有一匹名叫"的卢"的马，当时民间相传此类马为凶马，骑这种马对人不利，有人劝庾亮卖掉此马，庾亮回应道："卖了这匹马就必然有人买它，那样也会伤害这位买主，我怎能这么做呢？"显然，孙叔敖和庾亮都深谙"己所不欲，勿施于人"的道理。设身处地地为他人着想是一种责任和担当，想到可能发生的行为会对他人产生不利影响，便能在行事时多一分慎重的考量。

三国时期，吕布让名士袁涣写信去骂刘备，为达目的，吕布甚至拔出佩刀去威胁袁涣："为之则生，不为则死。"袁涣坦然一笑道："我只听说过以德羞人，没有听说以辱骂折磨人的。如果说刘备是君子，就不会由于你的辱骂而感到羞耻；如果他是小人，就也会用同样的办法来回报你，辱骂就会落到你的头上。而且，我说不准哪一天也会为刘备效力，假若我一离开将军你，就反过来辱骂你，可否？"吕布听了这一番话，只能作罢。后来，袁涣在吕布被杀后投奔曹操。当时曹操招募百姓去开垦荒地，百姓都不愿意，纷纷逃离。袁涣对曹操说："百姓安于乡土，不愿轻易迁移，千万不能突然让他们离开故土，应该顺着他们的心意，愿意去垦荒的就让他们去，不愿意去的不应勉强。"曹操采纳了他的意见，百姓非常高兴，曹操也因此收获了民心。

袁涣用"己所不欲，勿施于人"的道理劝说了吕布，又用"己欲立而立人，己欲达而达人"说服了曹操，可谓换位思考的能人。这样做的结果是，不仅能与人为善，更能使人与我为善，可谓两全其美。孔子和孟子都曾将这种思想论述得更为具体，孔子云"故人不独亲其亲，不独子其子，使老有所终，壮有所用，幼有所长"，孟子亦云"老吾老，以及人之老；幼吾幼，以及人之幼，天下可运于掌"。推己及人、换位思考，是一种成就他人与自我的方式。

设身处地为他人着想，不仅是对他人的理解、包容和尊重，更是成就他人与自我的责任与担当、气量与智慧。杜甫在茅屋为秋风所破的逆境中发出"安得广厦千万间，大庇天下寒士俱欢颜"的呼喊。李克强总理在答中外记者问时提到，即使中国发展强大起来，我们也不会称霸，因为中国在近现代历史的惨痛遭遇中深有感受，"己所不欲，勿施于人"，这是中国人的信条。

因此，我们面对他人时设身处地、换位思考，就能找到自己行为的准则，进而待人宽和。比如，面对调皮捣蛋的孩童，先不要觉得难缠，也许你也曾是他们中的一员；面对父母每日的叮咛，先不要觉得唠叨，因为有一天你也将为人父母，对自己的孩子不厌其烦地千叮万嘱；面对白发苍苍、行动迟缓的老人，先不要觉得拖累，因为终有一天你也会变老，也将渴望他人无微不至的真诚关怀。

当然，宽以待人的背后离不开严于律己。 北京师大附中教导我们要诚爱勤勇。 如果不想看到他人由于作弊或抄袭取得不公平的成绩，我们就要随时要求自己在学习中恪守诚信；如果不想在自己身陷不幸或垂垂老矣之时被他人冷落嫌弃，我们就要随时关爱社会中的弱势群体；如果不想看到他人不劳而获，靠投机取巧而获得不正当的利益，我们就要时刻奉行勤奋，让它成为你实现个人价值的途径；如果不想在自己身处低谷时无人站在身侧鼓舞和支持，我们就要在他人需要帮助时勇敢伸出援手、伸张正义。

鲁迅说："无尽的远方，无数的人们，都与我有关。"我们在做事时，要始终践行"己欲立而立人，己欲达而达人"与"己所不欲，勿施于人"，做到心中有他人，眼里有世界。

谨以此与同学们共勉！ 谢谢大家！

慎　独

包秀珍

各位老师，各位同学，大家好！

今天我和大家分享的话题是"慎独"，慎重的"慎"，独自的"独"，它是儒家道德准则中的至高境界，是指在无人监督的情况下能够始终不渝地严格恪守道德规范和为人准则。

现实生活中，这样的现象屡见不鲜：有的人在众人面前讲究卫生，独自一人时就随地吐痰，乱扔废弃物；有的人在有警察时遵守交通法规，一旦路口无人值守就闯红灯；有的人在自己熟悉的集体中谦恭有礼，一旦置身于陌生的环境就不再遵守公德；有的人台上大会大谈廉洁奉公，台下办事徇私舞弊，忘记原则。这都是脱离监督或独处时背离慎独、抛弃原则的行为。个人道德修养的完善、社会公序良俗的形成，都离不开我们古老的道德准则——"君子慎其独也"。

"慎独"，语出《礼记·中庸》："道也者，不可须臾离也；可离，非道也。是故君子戒慎乎其所不睹，恐惧乎其所不闻……故君子慎其独也。"其大体意思是：道，是不可背离的，而可背离的，就不是道了。所以，君子在别人看不见的时候，在别人听不到的时候，也要谨慎注意自己的言行。总之，"君子慎其独也"就是要求人们在人前人后都做君子，就是要求人们在无人监督时亦有一双自己的慧眼观照自己。

说到"慎独"就不得不说一段"暮夜却金，杨震四知"的历史美谈。

《后汉书·杨震传》记载了这样一则故事。 杨震赴任东莱太守时途经昌邑县，被他推荐为昌邑县令的王密夜晚拜见，想送他十斤黄金，杨震拒绝了。 王密说："暮夜无知。"杨震义正辞严道："天知，神知，我知，你知，怎么说没有人知道呢！"王密羞愧而返。 同是暮夜无人时，同样面对十斤黄金，杨震、王密二人的道德修养，就高下分明了。 有的人所谓的遵德守道是表演般的欺人欺己，有的人所谓的恪守原则是谋取利益的盾牌和利器，是经不住"慎独"的捶打和考验的。 而真正的道德完善者是不避人、不避己，头上高悬道德信仰，心中藏着良知准则。 可见，"慎独"绝对是道德品质的"试金石"。

"慎独"更是坦荡为人、心安处世的一副良剂。 南宋蔡元定是朱熹的高徒，因老师受牵连被贬谪湖南道州。 他虽身有疾患，却仍抱病授徒，并常训诫其门生曰："独行不愧影，独寝不愧衾，勿以吾得罪故，遂懈一日。""独行不愧影，独寝不愧衾"这掷地有声的宣言就是蔡元定恪守"慎独"的座右铭。 其意思是人们行走坐卧都要行为端正，独自行走对得起跟随自己的影子，独自卧眠对得起温暖自己的衾被，不能因我是"有罪"之人，而对自己有一丝一毫的松懈放纵。 "君子坦荡荡，小人长戚戚"，堂堂正正做人，清清白白做事，即使走出他人的视线，即使摆脱众人的监督，依然自省、自重、自律、自觉，又怎会有愧怍不安之心？

那么，怎样才能做到"慎独"呢？

首先，一个人要对自己的道德修养完善有更高的追求。 我们追求的不应只是物、利和名，我们应忧虑的当是"德之不修"。 "修身、齐家、治国、平天下"，我们的先哲独具特色的道德修养理论就将个人修身置于最根本的地位。 "慎独"是儒家道德修养的至高境界，是我们宝贵的道德遗产，是我们个人魅力的重要组成部分，更是我们修身道路上的崇高目标。

其次，一个人应努力实现道德内化。 孔子"七十而从心所欲不逾矩"，经过长时间的学习和修身，实现了主观意识和做人规则的融合为一，实现了思想和言行的自然统一。自觉地遵守道德规范而非刻意勉强为之，这才是一种自由的道德境界。我们也要将行为规范、道德准则、社会法规等转化为自身的需求甚至是自觉的习惯，对德育的要求入耳、入脑、入心，从而将之变成自己的行动。遵守交通规则是习惯，不管路口有无监督；公共场合文明有序，不管身边是否有人提醒；诚信面对考试测验，不管有无老师监考。对于各位同学而言，你对规矩的认同、对道德的遵守是不必依赖老师和家长的监督的，自己内心的那把尺子不因监督而伸长，也不因无人监督而缩短。我们要以"慎独"的精神去要求自己，时刻自省自律，坦荡磊落，用"慎独"这把武器去战胜贪念和邪念，祛除懈怠和懒惰。

最隐蔽的东西往往最能体现一个人的品质，从最微小的东西最能看出一个人的灵魂。"慎独"说到底就是言行如一、心口如一、表里如一，是恪守良知，是严格自律，是坦荡磊落。

最后，我希望大家用"慎独"警示自己、鞭策自己，踏实做事，坦荡为人，做一个道德完善的人，做一个情操高尚的人。

谢谢大家！

知耻近乎勇

赵 玲

各位老师，各位同学，大家好！

今天我要演讲的题目是《知耻近乎勇》。

《礼记·中庸》中有这样一句话："好学近乎知。力行近乎仁。知耻近乎勇。"其意思是说：如果一个人特别喜欢学习，那么他就是一个很有智慧的人；如果一个人努力践行，那么他就是一个仁爱的人；如果一个人知道什么是羞耻，那么他就是一个勇敢的人。今天我想重点来讲讲"知耻近乎勇"。

"知耻近乎勇"讲的是知道羞耻的重要性。那为什么一个人知道什么是羞耻的事情，他就是一个勇敢的人呢？

首先，知道羞耻可以警诫自己"有所不为"，从而成为一个有素养的人。就从我们身边的小事儿说起吧！有多少同学能意识到，当自己满口脏话，对他人做出不文明举止，抢占低年级同学的篮球场地和餐桌、考试不及格时，其实是很可耻的呢？当你心里清楚地知道这是一件可耻的事情时，你就不会轻易地去欺骗老师和家人；你就不会贸然地在公众场合哗众取宠；你就不会随手将垃圾扔在地上；你就不会将大好的青春年华过多地浪费在一款游戏上，毕竟这款游戏你可以随时随地去玩，但是你的初中学习只有三年，你的高中学习只有三年，而中考和高考又只有一次，而非你随时随地就可以参加的。

知耻就像一面内化于心的镜子，让我们时常映照自己，警诫自己"有所不为"，从而不断规范自己成为一个有素养的人。

其次，知耻的意义还在于它能够激励我们"有所为"，常怀一颗羞耻之心，自省自勉，奋发图强，成千秋伟业，做一个勇敢的人。

知耻，越王勾践才会卧薪尝胆，三千越甲终吞吴；知耻，岳飞、辛弃疾才会一次又一次地战斗，希望收复失地，虽然最终并未成功，但是丝毫不影响后人对他们的崇敬之情；知耻，无数华夏儿女才会不惜一切代价投入到保卫东北、保卫华北、保卫全中国的战斗中去；知耻，当今的中国人才会在各个领域里不断创新，力争摆脱他国的制约……太多历史向我们证明：只有知耻，才能唤起洗刷耻辱、捍卫尊严的勇气，激发出改造自我与社会的巨大力量，从而战胜脆弱与渺小，为自我、群体乃至国家、民族赢得伟大与光荣。

我们生于和平年代，没有战争、没有革命，一切都云淡风轻。在这样一个平静的时代里，虽无国耻当头，我们却也应时刻将真善美牢记，知耻而有所不为，首先做一个有素养的人。

谢谢大家！

君子固穷

李晓甜

老师们，同学们，早上好！

今天我演讲的题目是《君子固穷》。

想起这个题目，是因为前些天和学生们一起学习了鲁迅先生的小说《孔乙己》。孔乙己在别人嘲笑自己偷书时以"君子固穷"为自己分辩。"君子固穷"字面理解很像君子固守贫穷的意思，但其实孔子并不那么喜欢贫穷，他曾说"富而可求也，虽执鞭之士，吾亦为之"（《论语·述而》），意思是如果富贵是可以追求的，即使是给人拿鞭子，我也愿意做。可见以君子固守贫穷来理解这句话不太恰当。

"君子固穷"出自《论语·卫灵公》。孔子和弟子们周游列国时，在陈国被困绝粮，弟子们饿得无法起身，子路愤愤不平，问他的老师孔子："君子也会有这么困窘的时候吗？"孔子回答："君子固穷，小人穷斯滥矣。"其意是说处境困厄时，君子能固守其道，而小人则会像水四处横溢一般，任性妄为。"君子固穷"，就是君子固道，这是儒家对君子的要求，即君子能在一切境遇之中都不为外物所动，固守仁义。守得仁义，自得安心，即所谓"君子谋道不谋食，忧道不忧贫"。

这样的君子在我们的史书中比比皆是：幼稚盈室、瓶无储粟的陶渊明不愿为五斗米折腰；新政失败、屡遭贬谪的范仲淹想的依然是"先天下之忧而忧，后天下之乐而乐"；一生清贫的张载想的是"为天地立心，为生民立命，为往圣继绝学，为万世开太平"。在他们身上，我们都可以看到

"君子固穷"这样一种傲岸不屈、卓然独立的精神力量，这种力量我们称之为风骨。

反观孔乙己，科举不成，生活潦倒，就以偷窃为生，沦为众人的笑柄。还有《儒林外史》里的范进，在考中科举的第一天就娴熟老到地收受别人赠予的几十两白银，毫无羞惭之色。"不仁者不可以久处约，不可以长处乐"，失去了精神上的固守，久处穷困，必将为非；长处安乐，必将骄奢。如孔乙己、范进一般的读书人显然都只剩下了读书人的架子，而早已丧失了读书人应固守的风骨。

所以清末龚自珍提出了"衰世"说。衰世处于治世和乱世之间。所谓衰世，就是"文类治世，名类治世，声音笑貌类治世"。也就是说，"衰世"表面上看来典章制度俨然，礼仪规范分明，一片歌舞升平，繁荣昌盛，但人们却没有忧心、思虑心、作为心、廉耻心，举世都是只谈享乐的庸碌之辈，没有真君子，万马齐喑。社会失去了对道德精神的固守，必然会带来整个时代精神道德的颓丧。所以清帝国在英国的坚船利炮到来之前，就已经失去了生机与活力。人因固守而显其风骨，民族因固守而得其未来。

今天我们有幸生活在一个承平的年代，我们的时代日新月异，我们的祖国蒸蒸日上。我们无须面对先哲们进退不得、生死两难的人生困境，但我们是否也应该固守一些"道"呢？中国传统的君子之道，未必完全适合今天的社会发展，但固守风骨应该是一脉相承的。我们也应固守我们时代的精神，诚信、仁爱、勤奋、勇毅等，固守这些精神，我们就能守住自己，坦然面对外在的喧嚣与浮躁。

我想只要我们能守住自己，就守住了我们的时代，也就守住了我们的未来。

谢谢大家！

君子坦荡荡

刘 好

各位老师、同学，大家好！

今天我演讲的题目是《君子坦荡荡》。

"君子坦荡荡，小人长戚戚"，这是孔子对君子形象的描述。 这句话的意思是：君子胸怀坦荡、性情坦率、心底宽广；而平庸的人却经常忧心忡忡，致使寝不安席、夜不能寐。 可以说，孔子将心怀坦荡，定义成了君子的必要条件。 所谓坦荡，就是一个人在待人接物中体现的一种泰然自得的高贵气质，相信"海纳百川，有容乃大；壁立千仞，无欲则刚"。 作为北京师大附中学子，我们应当勤学君子之道，要学君子之道，便要学这胸怀坦荡。

坦荡，要求一个人既有"仰不愧于天，俯不怍于地"的作风，同时又能够拥有容纳苦难的宽广胸怀。 这种坦荡之风在历代的文人墨客身上并不鲜有。 才华横溢的苏轼，正是这样一位为人正派且胸怀广远之士。 他因政见不同而屡遭贬谪，受尽苦难。 但面对生活的阴雨，他却能有"一蓑烟雨任平生"的超然；面对赤壁的明月，有"渺沧海之一粟"的洒脱。 他在困难中，总是设法找到人生的乐趣，不论什么样的忧愁烦恼都可以解脱。 在他身上，更有一种将正直向上的心态传递给他人的奇妙能量。 苏轼身上的这份坦荡胸怀与旷远人格，着实值得我们学习。

在今日，坦荡之于我们，尤体现在对日常生活的态度上。 人生在世，多多少少都经历过苦恼、失败和困顿。身处逆境之时，我们更应该解放自我，放宽胸怀，否则很容易深陷泥沼而无法自拔。若是一味纠结于名利，患得患失，结果往往是可悲的。在这方面，东晋时的殷浩就是一个典型。殷浩出身名门，年轻时声名远播。朝廷多次请他出仕，都被他拒绝了。后来，名将桓温势力急剧膨胀，有夺权篡位之势。当政的司马昱担心桓温势力过大，便请殷浩参与朝政来牵制桓温。殷浩终于出兵北伐，希望通过建立军功来抗衡桓温，但因没有将才，接连几年北伐都以失败告终。桓温请求罢黜殷浩的官职，得到大臣们的赞成。殷浩丢官去职以后，表面上从容自如，但在没人的时候，他整天自言自语，用手指在空中书写"咄咄怪事"四字。在斗倒司马昱之后，桓温想起用殷浩，便写信请他当尚书令。殷浩高兴极了，想回信表示感激。因为怕回信中有言差语错，信封好后他拆了又看，看了又封，反复几十次，最后竟然给桓温回了一封空信。桓温收到空函，大为恼怒，请他当官的事再也不提。殷浩受此打击，不久就去世了。殷浩就是这样患得患失的人，一封空函，留下了千古笑柄。

面对生活，大家不妨想一想，在平日里，有没有经历过属于自己的困难时刻呢？例如面对学习中的麻烦之处，心里总是万般抵触，在这时，我们不妨把心态放宽，把眼界放远，《礼记》中言："虽有佳肴，弗食不知其旨也；虽有至道，弗学不知其善也。"想想这些难题对自己的益处，在心底，自然就多了一方土地容纳它们，我们也自然向获取真知迈进了一步。再如，有时面对老师和同学的误解，面对繁杂的琐事，面对准备已久的比赛却没能好好发挥时，我们的心底往往会产生对自己、对他人的抱怨，同样的道理，我们为何不以坦荡的胸怀来看待世间的艰难与阻隔呢？

胸怀坦荡，不被琐事所困，专心做自己所做，并对此无怨无悔，这应当成为我们一种长久的状态。让我们脚踏实地吧，就拿即将到来的期中考试来说，过于担忧它的结果，往往会使自己在短时间内陷入局促之境。这时，那个《论语》里长戚戚的庸人形象，岂不是离我们很近吗？其实，平日里面对学业坦然诚恳、磊磊落落的我们，既然有了充分的积累，便大可抛下顾虑，充分发挥自己的实力，让事实来见证结果。

人生在世，多有不甚如意的时刻，这时，往往需要我们自己存留在心底的一片光明与淡然。在演讲的最后，愿我们彼此共勉，坦坦荡荡立于天地之间，享受晴阳。

谢谢大家！

贫而乐，富而好礼

洪　梅

各位老师、同学，大家好！

今天我演讲的题目是《贫而乐，富而好礼》。

我想先给大家讲个故事。优雅的咖啡厅里，桌旁的一位先生呼叫服务生："两杯咖啡，一杯只要单子，贴在墙上就行。"故事的作者有些诧异，觉得这位先生点咖啡的方式有些新奇。服务生为他端上一杯咖啡，那位先生付了两杯的钱。服务生接着就把一张单子贴在墙上，上面写着：一杯咖啡。这时，又进来两个人，点了三杯咖啡。他们喝了两杯，另一杯的单子也贴在了墙上，然后付钱离开。几天后，故事作者又去这家咖啡店。正在他享受着浓香的咖啡时，进来了一个人，衣着与这家咖啡店的档次极不相称，一看就是生活非常窘迫的样子。男子坐下后，看着墙上的单子对服务生说："来一杯墙上的咖啡。"服务生恭敬地给他端上咖啡，那人喝完后，起身离去。故事作者惊奇地看着这一切，只见服务生从墙上揭下一张单子，扔进了纸篓里。原来如此！当地居民对穷人的关照和尊敬让人感动。《大学》里说："仁者以财发身，不仁者以身发财。"我觉得说得很有道理。懂得仁道的人，他们会运用财富去充盈自身，回报社会。

穷而怨愤，仇视富者；富便骄横，看不起穷人——当今社会确有此类现象，而且也影响到了我们的同学。我们应怎样正确处理生活中的贫与富？怎样在困境中处变不惊，甚至发奋向上？其实 2000 多年前的春秋时代，孔子与其弟子便有关于对贫富的态度的讨论。

子贡曰："贫而无谄，富而无骄，何如？"子曰："可也。未若贫而乐，富而好礼者也。"在子贡想来，"贫而无谄，富而无骄"已经是难能可贵的风范了，孔子却认为仅仅如此还不够，最好是做到"贫而乐，富而好礼"，也就是贫穷但依然快乐，富贵且崇尚礼义。这当然是很高的要求了，但并非做不到。

《论语》中有这样一段话："子曰：'衣敝缊袍，与衣狐貉者立，而不耻者，其由也与？不忮不求，何用不臧。'子路终身诵之。子曰：'是道也，何足以臧？'"子路的做法正是典型的"贫而无谄"，不以贫穷为耻，更不会去刻意逢迎那些富贵者。受到了老师的赞扬，子路也是沾沾自喜，但孔子却又给了他当头一棒，说如此"何足以臧"，这怎么能够说好了呢？要真正做到"足以臧"的地步，子路还需要学习，向孔子学习，向颜回学习，孔子"饭疏食，饮水，曲肱而枕之，乐亦在其中矣"，颜回"一箪食，一瓢饮，在陋巷，人不堪其忧，回也不改其乐"，这样的境界才是孔子心中面对贫穷时能做到的最高境界。虽然贫穷，但能安于贫穷，不为贫穷所困，在简陋的生活中发掘生活的真意，找寻属于心灵的喜悦。对他们来说，其实无所谓贫穷与富裕。贫也罢，富也罢，都不过是外在的，而他们追求的是精神的满足。精神上的富裕才称得上是真正的财富。"朝闻道，夕死可矣"，若能得道，生死亦可不在乎，何况外在的物质享受呢？即使给他们再多的金银，他们依然能保持一颗平常心，不骄不躁，不会因为富贵就忘了礼义，自以为高人一等。庄子有言："古之得道者，穷亦乐，通亦乐，所乐非穷通也。"在这里，庄子和孔子是站在一起的。

"圣人处穷达如一也"，而对于我们这些平常人而言，"贫而乐，富而好礼"确实是不容易做到的。都说"民以食为天"，当一个人连三餐都无法保证的时候，首先想到的自然是该如何填饱肚子，这是人的本性，再正常不过了，即使圣人也不可避免。然而，贫穷并不代表低人一等，做人就应有人起码的尊严。如果因为贫穷而对富人阿谀奉承，谄媚讨好，失去的是做人的尊严，人不为人，"见富贵而生谄容者，最可耻"。人本生而平等，不因财富的多寡而改变，贫穷者无须故作卑微，富裕者不应骄奢淫逸。财富是一点点积累的，富裕也是从贫穷开始的，因为富贵就变得骄傲，就忘了基本的礼义，这样的行为就如朱熹所言："遇贫穷而作骄态者，贱莫甚。"面对贫困，大可不必抱怨，抱怨自己，抱怨别人甚至上天，并不会改善境况，除了自己难受别无用处。快乐是一天，不快乐也是一天，不如放开心怀，说不定就会发现生活中的那些不经意间的美好。有了财富，也不应该骄横。钱财不是万能的，人生的境界更不会因为物质财富而有所提高，生命的意义在于精神的追求，而不是物质的享受。

"贫而乐"是在贫困中保持良好的心态。"富而好礼"并不代表拒绝财富，财富本身并没有什么不好，孔子也说过"富与贵是人之所欲也"。追求财富，不代表君子的堕落，重要的不是有多少钱财，而是取得钱财的方式和对待钱财的态度，所谓"君子爱财，取之有道"。"不义而富且贵，于我如浮云""富与贵是人之所欲也，不以其道得之，不处也；贫与贱是人之所恶也，不以其道得之，不去也"，对待富贵，孔子并不蔑视，不装出一副清高的模样，不像后世的一些儒者，拼命表现出一副视金钱如粪土的模样，好像沾上钱就堕落了似的。孔子看重的是一个人如何取得财富。通过合法的方式拥有千万财富也无可厚非，而通过不正义的手段得到巨大的财产就应受到谴责和惩罚。"仁者以财发身，不仁者以身发财"，仁人有了财富则务于施与他人，以此来立身立名；不仁之人则将身心投入到敛财中去，以追求财富的积累。现代社会，通过权力、势力为自己敛财的人确实有，多少不义之财被他们放入自己的腰包。为官者应当以履职为先，而不应当利用自身的地位和权力，使自己沦入一味追逐财富的境地。所以，真正的"贫而乐"应当是这样的：一个人处在贫穷的状态，不要为自己的卑微状态而忧愁和苦恼，而是要抱着一种积极向上的心态，节制自己的欲望，享受当下的生活，同时根据时机利用自己的智慧，按照合法的途径获取财富和社会地位。 无论贫穷还是富贵，在漫长又短暂的人生旅程中，我们所能做的，就是一路修行，不戚戚于贫贱，不汲汲于富贵，以此最终达到一种圆满的境界。

谢谢大家！

施惠勿念，受恩莫忘

李 倩

老师们，同学们，大家好！

我今天演讲的题目是《施惠勿念，受恩莫忘》。

"施惠勿念，受恩莫忘"出自《朱子家训》，它告诉我们对人施了恩惠，不要念念不忘；受了他人的恩惠，却要常记心上。这一思想在我国源远流长，早在战国时期，唐雎在游说信陵君时就曾说过："人之有德于我也，不可忘也；吾有德于人也，不可不忘也。"不管是朱子还是唐雎，都在告诫我们要常怀感恩之心，多行助人之事。

中华民族的传统美德大多源于此。"捐躯赴国难，视死忽如归"是报效祖国之忠。"连闯五关千里赴，合诛六首单骑行"是对兄弟之义。"慈母爱子，非为报也"道出了母亲对子女无私的爱，"谁言寸草心，报得三春晖"倾述了儿子对母亲的一片孝心。"夙兴夜寐，靡有朝矣"写出了女子对家庭的操劳，"惟将终夜常开眼，报答平生未展眉"道出了丈夫对妻子的感馈。"春蚕到死丝方尽，蜡炬成灰泪始干"暗喻了老师们的默默奉献，"一日为师，终身为父"是学生对老师发自心底的感激与尊敬。正是"施惠勿念，受恩莫忘"，让这些美德薪火相传。

施惠勿念和受恩莫忘是相辅相成的。受恩莫忘会促进我们施惠，而施惠勿念又会激励受助者感恩，这样每个人都会受恩必报，人和人之间互帮互助，整个社会将进入一个温暖的循环。

然而，说易行难，在日常生活中，你心怀感恩，好善乐施，给予身边人光和热，但你是否因为没有得到同伴及时的帮助而抱怨过？原因是"每次他遇到问题时，我都会挺身而出、全力以赴，为什么我遇见困难时他就袖手旁观"。你是否因为朋友无意间忽视了你精心准备的生日礼物而苦恼过？原因是"我付出了那么多，他怎么都没有看到"。你享受着助人为乐，但上述场景却偶尔为你的好心情蒙上一层阴霾，原因是什么呢？相较于受恩莫忘，施惠勿念似乎更难做到。清代诗人冯班曾说："为惠而望报，不如勿为，此结怨之道也。"此可谓一语中的，告诫我们，给予别人恩惠却又希望得到别人报答，还不如什么都不给，否则反而会因此与别人结下怨恨。上述小场景中的苦恼也正源于此。施惠是可以让人快乐的，但如果念念不忘，甚至希求回报就往往在心中注入了心魔，当没有得到预期回报时，这一心魔就会唤起你的不公平感，使你内心寒凉。《庄子》曾告诉我们"施于人而不忘，非天布也。商贾不齿，虽以事齿之，神者弗齿"。这是说施恩图报远不是自然天道的赐予，是为人所不齿的。既然这样，那就索性忘掉所施之惠吧，何必徒增烦恼，何必平添困扰？所以，真正的"施惠勿念，受恩莫忘"，是在常怀感恩之心的同时，不图任何回报的无私奉献。

当今社会，一些施惠结怨、以怨报德的事例流传于各种媒体，个别人制造的道德衰退论让许多善良的人畏首畏尾。面对老人摔倒了路人拍完照片才敢扶的痛苦，面对手机没电时想向他人借手机联系家人却屡屡碰壁的无助，面对《无问西东》中的张果果帮助四胞胎家庭的犹豫和迟疑，"施惠勿念，受恩莫忘"显得尤为可贵。在能力范围内，在确保自身安全的情况下，同学们请不要吝啬你们的善良，要看到阴影的背后其实有温暖的阳光，要看到古往今来还有许多人在默默践行"施惠勿念，受恩莫忘"。

不必说"一饭千金"中漂母与韩信之间的互惠互赠，不必说信奉"士为知己者死"的豫让为主公报仇的执着与悲壮，不必说衔环结草、生死不负的奇特与梦幻，不必说樊於期为报答太子丹的收留之恩自献头颅以助荆轲刺秦的无畏与果敢，不必说战争年代为祖国抛头颅、洒热血的英雄们留给我们的惊叹，更不必说和平年代一批又一批仁人志士报效祖国的壮举与豪言，单说在我们北京师大附中，就有许多人在默默践行、无私奉献。老一代北京师大附中人用青春和热血报效祖国，让北京师大附中的名字在华夏大地上熠熠生辉。赵世炎烈士为救祖国和人民于水火之中献出了年轻的生命；钱学森先生放弃国外优越的生活，破除万难回到祖国，只为投身科研工作，让祖国变得强大；林纾先生不懂外语，几经周折翻译了多本国外小说，只为让国人了解世界文化。他们从没有考虑过回报，也没有认为自己是在施惠，他们一心只想着报答自己挚爱的祖国。新一代北京师大附中人同样用自己的行动在践行着"施惠勿念，受恩莫忘"。这里有从北京师大附中毕业又选择回到母校培养新一代北京师大附中人的老师们；有每年教师节、校庆日从四面八方回校来看望恩师的学子们；有同学们耳熟能详的毕业多年，仍然出现在校刊的重要版面的"附中人"们；有在学校开展活动时，主动报名参加，牺牲自己休息时间帮助学弟学妹们做生涯指导的众多毕业生们！

施惠并不需要你做什么壮举，只需从每天的小事做起，哪怕只是在同学值日忙不过来时伸出援手，哪怕只是帮助同学答疑解惑，哪怕只是在地铁上让出座位，你都可以为这个世界增添许多温暖。当你接受了他人的帮助时，将这份爱常埋心底，用行动去回馈对方，去帮助别人，将这种美德用心传递，这个世界将充满你心中期许的美丽。

同学们，愿你常怀感恩之心，多行助人之事，他日仗剑走天涯，心怀四海，笑靥如花。

谢谢大家！

君子慎独：修合无人见，存心有天知

刘佳琪

老师们，同学们，大家好！

同仁堂有一条传下来的古训——"修合无人见，存心有天知"。配制药剂，古语谓之"修合"。在外人看来配药似乎多一味、少一味、增一分、减一分无关生死，不伤大局，好像说得过去。但动机好坏，冥冥上天，自会知晓。这不仅反映着医德，也是中国文化传统对君子修养的要求，即慎独。

那么，古人为什么要追求医德？为什么要追求做君子？我们到底为什么要慎独呢？从中国传统文化的角度来看，《中庸》中曾有言："天命之谓性，率性之谓道，修道之谓教。道也者，不可须臾离也；可离，非道也。是故君子戒慎乎其所不睹，恐惧乎其所不闻。莫见乎隐，莫显乎微，故君子慎其独也。"儒家认为，人的自然禀赋叫作"性"，遵循人的天性行事就是行在道中，天道是不可背离的。"知是非"就是人的一种天性。就像《大学》中说，人闻到难闻的气味就厌恶，看到美好的事物就喜欢，人就是这样天然地具备判断是非好坏的能力。因此，如若在无人处，就做那些不该做的事，必然会受到良心的谴责，而当我们压抑内心的这种谴责时，便是自我欺骗。因此，慎独就是告诉我们要顺从是非本心去做事，上无愧于天，下无愧于人。

除此之外，慎独也是人之为人的要求。法国的思想家帕斯卡尔说："人是一根会思想的芦苇。"诚然，人的生命像芦苇一样脆弱，宇宙任何东西都能致人于死地。可是，即使如此，人却也是独特的、尊贵的，因为人有一颗能思想的头脑。我想，这就是决定人之所以为人的东西：有思想，有理想，有目标。人类不自觉地会追求着意义，追求着理想，追求着价值，这是人的独特之处，也是人之所以为人的最宝贵的东西。正如周星驰的电影《少林足球》中的一句话："做人如果没有梦想，那跟咸鱼有什么分别？"

是的，我们之所以为人，都想获得一定的价值，获得认可。那么如何去实现呢？举个简单的例子，也许我们都有这样的经历：一旦你向往一个东西，便会不分昼夜、无怨无悔地为此努力，这时候你会无所谓别人的眼光，不在意身边的诱惑与拦阻。同样的，当我们认定了人生目标、人生理想的时候，便会有一股动力鞭策我们为此不断前行。别人玩耍的时候我们不玩，别人看电视娱乐的时候我们不看，这时候，你就做到了慎独，无需督促，无需扬鞭，而自奋蹄。

当然，不可否认，现实状况残酷而复杂，无论是在场的同学，还是我们老师，以至于历代伟人，都会面临诱惑等重重的阻碍。但事实证明，最终能成功的，定是坚持理想、认定初心的人，也必是慎独的人。正如春秋时宋国的贤臣子罕不受他人馈赠的宝玉，以"我以不贪为宝，尔以玉为宝"阐释着慎独。卫国大夫蘧伯玉夜过宫门必下车步行，并不因暗中无人而废礼。宋代范仲淹食粥心安，袁采"处世当无愧于心"。元朝许衡不食无主之梨。近代曾国藩有"日课四条"：慎独、主敬、求仁、习劳。历代名人诠释着何谓人格的独立，何谓人之为人的自尊。

身为百年名校北京师大附中的一员，我相信，在过去的日子里，在场的每一位同学都是尽了自己的努力，有着一份理想志气，现今才能站到这里。如此优秀的我们可能怀揣着不同的理想，做医生，做老师，考进世界级名校……那么在匆匆的中学生涯里，我们更应为此坚守和奋斗，不能让之前的努力白费。也许，有的同学目标并不甚明确，或并没有那么高远。

但不可否认的是，我们在内心深处都想做一个别人口中的"好"人，一个道德品行值得肯定的人，那么即使现今我们没有治国、平天下的雄心抱负，却也不能没有修身的追求，即对道德品格的追求。

因此，请回想我们在学校、在家庭、在社会的种种情形，回想我们对待学习、对待品德的态度。

在学校，你是否有过早早来到学校只为抄作业的行为？是否曾经上课时存着侥幸心理偷偷打开过手机或翻阅课外书？是否班主任不在的自习课便会躁动不安？值日时是否会为了早点回家而草草应付了事？课下是否会追逐打闹、乱讲脏话？我希望，我们的答案都是否定的。然而遗憾的是，下班的路上，我会时而看到同学捧着手机玩游戏而不自觉地放慢了回家的脚步；会听说一些同学偷偷地躺在被窝里玩游戏、看小说到很晚，以至于不仅损害视力，还影响了第二天上课的质量；会无意中听见本应文明的同学冒出一句刺耳的话语……

我相信，我们每一位同学都渴望变优秀、变自律、被认可，那我们要怎么办呢？我们如何才能做到慎独呢？也许，就是我们不要做"咸鱼"，而是树立理想，并且不管环境如何都能为之奋斗，那么你不仅会收获人生的价值感，也会因此变得耀眼。也许，就是我们不要做漫无目的的海上航船，而是找到人生中的灯塔。也许，就是我们认真数算着中学时光，而不是天真地以为青春很长，机会很多……

同学们，中学时光、青春岁月最为宝贵，也最为匆匆。作为老师，我很感恩能陪你们走过你们人生最为珍贵的日子，在这段日子中你们将收获知识、收获友谊，也将获得此后再也没有的宝贵机会，这些在很大程度上影响着你们未来的人生。所以，我想在最后引用保尔·柯察金的话，愿大家回首往事时"不因虚度年华而悔恨，也不因碌碌无为而羞愧"。愿大家君子慎独，青春无悔！

谢谢大家！

做坦荡君子,勿成戚戚小人

李文馨

老师们, 同学们, 大家好!

我今天演讲的题目是《做坦荡君子, 勿成戚戚小人》。

说起"君子坦荡荡", 大家都能接上一句"小人长戚戚"。 可是到底坦荡是何意, 戚戚又是何意呢?

"君子坦荡荡, 小人长戚戚"是出自《论语·述而》的一句话。 在《说文解字》中, 我们可以发现, "坦, 安也"; 荡荡, 为广远之称; 戚戚, 为时时忧虑之意。 君子是通晓事理之人, 故待人、接物、处世犹如在平坦大道上行走, 安然而舒泰。 小人心思常为物役, 既患得又患失, 故常有戚戚之心。 这段话的意思是君子光明磊落, 不忧不惧, 所以襟怀坦荡, 气度斐然; 小人患得患失, 忙于算计, 所以才经常陷入忧惧之中, 心情不宁, 无故发牢骚。

生而为人, 我们都想成为那个不忧不惧、坦荡快乐的君子, 我们也都害怕自己会成为那个患得患失、忙于算计, 经常陷入忧惧的小人。 讲到这里, 有的同学可能会问, 我们也都很向往成为一名坦荡君子, 厌弃自己成为一个小人, 可是怎样才能让自己做到真正的坦坦荡荡, 不让自己成为一个长戚戚的小人呢?

其实对"君子坦荡荡, 小人长戚戚", 明清之际的哲学家李二曲曾有评析, 刚好能为我们答疑解惑。 "君子不为名牵, 不为利役, 便俯仰无愧, 便坦荡自得; 小人不为名牵, 便为利役, 未得患得, 既得患失, 便是长戚戚。"意思就是说：君子胸怀坦荡、心地宽广；而小人却经常忧心忡忡。君子有终身之乐，无一日之忧；小人有终身之忧，无一日之乐。这里的小人不能看作通常意义上损人利己的小人，而是应该解作知识、阅历、胸怀都有欠缺的人。

　　说到这里，我就想先给大家举一个古代的例子。在北宋时期有两个大名鼎鼎的宰相，一个叫王安石，另一个名为司马光，他们两人的政治主张，相差甚远。在朝堂之上，王安石、司马光两人是死对头，彼此都认为对方的执政方针荒谬至极，彼此都觉得自己比对方高明。但是当王安石施行变法时，皇帝询问他对司马光的看法，王安石大加赞赏，称司马光为国之栋梁，对他的人品、能力、文学造诣都给了很高的评价。因此司马光并未落入极为落魄的境地，他也从未有过忧虑，因为自己做的事情无愧于心，若生不逢时，那就安于现状。于是，他成功地、从容地"隐江湖之远"。风水轮流转，当司马光得到赏识，施行新变法时，在皇帝面前也并未落井下石，而是恳切地说王安石嫉恶如仇，胸怀坦荡，忠心耿耿，有古君子之风。王安石也并未有过忧愁怨恨，因为这不过是政见不同罢了。二人并没有因为对方是自己的政敌而陷害对方，将所遇到的事情都看得很开，心胸宽广，也都坦坦荡荡地评价对方，也难怪皇帝听后笑道："卿等皆君子也！"这二人就做到了孔子所说的"君子坦荡荡"，也诠释了君子和而不同的理念以及不忧愁、不顾虑的心胸。他们不仅安之若素，而且待人做事都有自己的原则和底线，不因理念不同而在别人面前诋毁对方，否定对方的道德品质，这才是名副其实的坦荡君子。

　　君子走的是君子之道，君子之道应当以修身为重点，修身指的是修己，而不是修别人，要把自己修得像一块海绵一样可以容下一切困难、阻力和障碍。这就是君子之道了。忍耐的能力越高，所修的道也就越高；容纳的能力越强，修持的境界也就越强。

　　在古代也有许多诗词，表达了诗人们坦荡的胸怀，如唐代高骈曾写到

"归路嵚崿今坦荡，一条千里直如弦"；苏轼在《望江南·超然台作》中感叹"休对故人思故国，且将新火试新茶。诗酒趁年华"；李白在《行路难》中感慨"长风破浪会有时，直挂云帆济沧海"；唐代李欣赞美君子"陈侯立身何坦荡，虬须虎眉仍大颡"。这样的例子还有很多。

说完了古人，我想再和同学们共同反观一下我们自己，我们是不是也常有忧心忡忡的时候？为什么？为考试的成绩？为老师今天上课总叫我？为作业总是达不到要求？

我们班的化学老师上课的时候总是喜欢随机叫同学起来回答问题，每次准备叫人回答问题时我们总是把头低下，被叫起来的同学总是一脸"我运气太差了"的表情，周围也发出了笑声。最让我们惧怕的就是老师在发现你这个问题答错后，在这一节课中还会连续对你发问。为什么不尝试在老师发问前做好充足的准备，尝试在老师讲课前做好预习，坦荡荡地应对老师的问题？这样不光没有了课堂上的烦恼，连自己一直担心的成绩都会有所提高。考试后我们在忧愁成绩时为何不马上分析试卷，从中吸取教训，列出计划改变自己？

我们应该试着把这坦荡荡的君子作风融入日常的学习与生活之中。

君子坦荡荡，愿同学们都可以做心胸坦荡、行事坦荡、交往坦荡的人，做像王安石、司马光等人一样永怀赤子之心的君子，坦坦荡荡的君子。

谢谢大家！

志之所趋，无远弗届

吴学宁

老师们，同学们，大家好！

今天我演讲的题目是《志之所趋，无远弗届》。这句话的意思是天下无不可为之事，只怕立志不坚。志向所趋，再遥远的地方也能到达，即使是山海尽头。

2020年12月17日，舷号为"17"的国产航母山东舰在海南三亚某军港入列，从此，中国海军进入双航母时代。

航母山东舰2013年开工建造，2016年接舰官兵开始进驻，2017年4月26日该舰在大连造船厂下水，2018年5月13日首次出海试验。据悉，中国首艘国产航母的上千万个零部件全部采用国产产品，中国航母实现了完全自主设计、自主建造和自主配套。

抚今追昔，今日海军快速发展的脚步中有我们先辈在艰苦卓绝的环境中不屈不挠的奋斗，有一代代中华儿女经历的艰辛。所以在山东舰入列之时，1888年12月17日这个日子被很多人提及。

1888年12月17日（清朝光绪十四年冬月十五日），北洋水师在山东威海卫刘公岛正式成立。之后，北洋水师向英国、德国等强国购买先进的舰艇来增强我国海军实力。根据当年《美国海军年鉴》排名，"北洋水师世界第九、亚洲第一"。但是北洋水师在中日甲午战争中全军覆没。北洋水师的兴衰体现了鸦片战争后中国遭受列强不断侵略的命运。

同样被提起的还有另一个故事，同样也发生在刘公岛。1950年3月17日，刚刚上任的人民海军司令员萧劲光视察刘公岛海防建设，向当地渔民租用了一条渔船。当时渔民都感到非常困惑，堂堂中国海军司令竟然要租用渔船视察刘公岛。这说明中华人民共和国成立初期，中国海军武器装备简陋得令人心酸。

"此生无悔入华夏，来世还生种花家！"热血爱国动漫——《那年那兔那些事儿》中有一集，以动物漫画形式讲述了1980年5月刘华清将军访问美国，首次登上美军小鹰号航空母舰参观的历史事件。这是中国人民解放军军官和科技人员首次踏上航空母舰。刘华清将军在回忆录中说："其规模气势和现代作战能力，给我留下了极深的印象。"他发誓："中国如果没有航母，我死都不会瞑目！中国海军，必须建造航母！"那一年，刘华清将军已经64岁了。2011年，刘华清将军逝世，他临终前最遗憾的事就是没能亲眼看到中国航母下水。

志之所趋，无远弗届。同学们，回首百年航母梦，我们清楚地看到中华民族从清末的深重苦难中走过来，西洋西洋打不过，东洋东洋打不过，一路硝烟，一路烈火，一路牺牲，一路艰辛坎坷。但是先辈们一直心怀救国、强军的志向，坚信内心航母梦的图景，并为之奋斗。因为他们的相信，因为他们的勇敢奋斗，因为他们"功成不必在我，功成必定有我"的精神境界和历史担当，才有了如今——2012年辽宁舰服役，圆了中国人的航母梦；今天山东舰入列，更是令国人内心迸发出难以抑制的喜悦与激动。我们想对刘华清将军说："您再也不用踮着脚看别人的航母了。"如今我们双舰合璧，正式开启了双航母时代。

这样的感触近年来有很多。张召忠将军在谈及中国海军的成长和奋斗史——从"小艇打大舰、海上拼刺刀"最困难的历史阶段到今日的强大时，动情处不禁潸然落泪，感慨万千。 70年前①，周总理说"我们的飞机不够，就飞两遍"，今年阅兵，网友们想对周总理说"飞机再也不用飞两遍了，这盛世如您所愿"，空军展翅，中国腾飞。 过去我们说"好汉不吃眼前亏""人在屋檐下，哪能不低头"，而贸易战中华为创始人任正非说："除了胜利，我们已经无路可走！" 这些话语的背后有我们今日的自豪、今日的自信，有我们曾经的心酸和感触，有一代代人的风雨无阻、日夜兼程，有对于艰难前行岁月中所承受的压力的释放，更有对先辈们的国家情怀、信仰与血性的告慰和传承。

《苦难辉煌》的作者金一南教授曾对当下学子说："我们百年救亡，百年复兴，从1840年到1949年前一百年，无数先进的中国人就为三个字'救中国'浴血奋斗；1949年新中国建立，救亡命题终结，新的命题开始。 '复兴'，1949年到2049年，要完成伟大的民族复兴，这是我们的目标，我们正处于百年变局的大时代，我们国际力量格局，在较量中剧烈地演变，我们正在参与，中华民族正在一步步实现复兴，也是一次新的长征！"

同学们，我们身上流淌着炎黄子孙的血液，胸腔里喷薄着东方雄狮的血性，心怀着中国龙腾飞的梦想。 当下的我们应秉承先辈们的伟大精神，奋发学习，增强实力，砥砺前行，不断积蓄"天下兴亡，匹夫有责"的底气。 志之所趋，无远弗届。 我相信，中国的未来会因你们的努力而更美好，世界的未来会因中国的发展而更美好。

谢谢大家！

---

① 本篇演讲稿作于2020年。

艰难困苦，玉汝于成

为往圣继绝学

刘　英

尊敬的各位老师，同学们，大家好！

我是历史组教师刘英。今天，能够站在国旗下演讲，我感到非常荣幸。我今天演讲的题目是《为往圣继绝学》。

九百多年前，北宋著名思想家、教育家张载将知识分子的做人准则总结为四句话："为天地立心，为生民立命，为往圣继绝学，为万世开太平。"这四句话，影响深远。著名哲学家冯友兰先生将其称为"横渠四句"。由于张载是陕西凤翔横渠镇人，世称横渠先生，所以它被称为"横渠四句"。这四句话之所以流传久远，不仅因为它表达了张载囊括四海、救济苍生的宏愿，更重要的是，它阐释了儒家最高的思想境界和为人准则。

怎么理解这几句话呢？第一句，"为天地立心"。天地本来是没有心的，但人生于天地之间，要有博爱之心，要有恻隐之心，要有敬畏天地、敬畏自然的诚心，要有对祖国、对父母、对老师、对同学的爱心。我想，这也就是我们的校训"诚爱勤勇"中"诚"和"爱"的内涵。第二句，"为生民立命"。这里的"立命"，意思是修身养性，提高自己的道德品质。第三句，"为往圣继绝学"，是我今天演讲的中心。往圣，指历史上的圣人，具体是指孔子、孟子。绝学，指中断了的学术传统，具体是指孔孟儒学。"为往圣继绝学"，在这里张载是说自己的学术使命就是为过去的圣人孔、孟传承中落了的儒学传统。

大家学习历史都知道，儒家学说于春秋战国时期出现，汉代流行，之后逐渐衰落。魏晋时期，玄学当道，继之而起的是佛教的昌盛。隋唐时期，儒、释、道三教各有千秋。到了唐末五代，乱世再起，武人当道，儒家的地位再度衰落下去。生于斯，长于斯，张载目睹了这种"学绝道丧"的世道的纷乱，决心重振儒学，在其文章《西铭》中发出了"为天地立心，为生民立命，为往圣继绝学，为万世开太平"的呼唤。为了实现"为往圣继绝学"的崇高使命，张载对佛、道思想进行了深入批判，并发奋钻研儒家经典，系统阐释儒家义理，并建构了理学的思想框架。理学成为儒家学说的新形态，最终使儒学在宋代焕发出新的活力，张载也成为宋代理学的奠基人之一。

"为往圣继绝学"，自古以来，我国知识分子就将其作为自己的志向和传统。那么在今天，我们的文化使命具体又是什么呢？

我们今天再看往圣，就不再局限于张载所称的圣人，而应该是孟子口中"人皆可以为尧舜"的"人"，是明代李贽高呼的"人人皆可为圣人"的"人人"，是创造历史的人民群众。同样的，绝学也不仅是孔孟儒学，而应是人民群众和我们的先辈所创造、继承的中华优秀传统文化。我们的文化使命就是要努力地复兴中华优秀传统文化，不可让此绝学中断。

事实上，我们今天社会发展的成果，都是建立在前人的"往圣绝学"之上的。试想一下，假如没有指南针，人类社会也许无法迎来航海时代，工业革命也许就要推迟，今天的信息技术、电子技术、生物技术就更无从谈起。假如没有造纸术和印刷术，思想的传播也许就不够方便快捷，启蒙运动的力度也许要因此打些折扣，自由、民主、博爱的思想也许就不能很快地深入人心。假如没有火药，欧洲人也许还沉迷在中世纪的重甲骑士和城堡中，堂吉诃德也许还不会那么早就成为笑柄，而军事技术变革的迟滞，至少会使资本主义制度的诞生向后拖延一段时间。因此，往圣之绝学非常宝贵，需要我们继承和弘扬。

那怎样"为往圣继绝学"呢？这就要求我们既要继承传统文化，同时又不能墨守成规，要在继承的基础上开拓创新，革故鼎新，甚至超越前人。

2016年，有一部纪录片非常流行，叫《我在故宫修文物》。文物修复大师们的本领就是从老一代师傅那里继承下来的，文物修复技术由此代代相传。他们在修复文物中表现出来的继承与创新，正是"为往圣继绝学"的现实写照。他们日复一日、年复一年地学习、工作，让祖先留下的文化遗产延年益寿。这样一种"择一业，从一生"的工匠精神，也值得我们学习和思考。

今天的中国，正经历着历史上从未有过的变革和发展。站在无数先辈的肩膀上，我们的社会主义事业在各行各业得到极大的发展。在文学领域，我们的文学家莫言获得了诺贝尔文学奖，一直被视为中国人创作短板的科幻文学领域，也因刘慈欣的《三体》和郝景芳的《北京折叠》的问世接连获得世界科幻文学领域最高奖"雨果奖"。在科技领域，我国生物学家屠呦呦因发现了青蒿素获得诺贝尔医学奖，我国的第一颗量子卫星"墨子号"成功升天，我国的第一架隐形战斗机、第一艘国产航母接连问世。在民生领域，被国际友人称为"新四大发明"的高铁、扫码支付、共享单车、网购正日渐惠及全中国。今天的一切成就，是今人的创新创造，也是前人经验累积至今的质变。

具体到我们北京师大附中人，又该如何在这时代的滚滚洪流中做到"为往圣继绝学"呢？我们目前还处在"继绝学"的第一阶段，即打好基础、学好本事是关键，只有立足根本，才能在新时代中把握机遇，以不变应万变。

百年北京师大附中，留给我们深厚的学术传统。北京师大附中的历届校友中，有著名革命家赵世炎，有著名科学家钱学森，还有著名学者、著名艺术家，仅中科院院士和中国工程院院士就有 30 多位。 我们要以他们为榜样，立志高远，发扬北京师大附中的学术传统，勤于探索，勤于思考，刻苦学习，以优异的成绩回报学校、回报社会。

希望每个同学都能将"为往圣继绝学"作为座右铭，时省之，常勉之。

谢谢大家！

与时俱进

梅　超

老师们，同学们，大家好！

今天我演讲的题目是《与时俱进》。

与时俱进，从字面上来看，说的是我们的观念和行动要随着时代的发展一起进步。很显然，与时俱进，最重要的是把握"时"，要了解时代的发展方向。从这个角度出发，"时"也可以理解为"势"，即时代的发展趋势。罗贯中在《三国演义》的开篇就写道"天下大势，分久必合，合久必分"，这说明他已经清晰地把握了中国古代封建王朝的发展规律，掌握了那个时代的"势"。孙中山也曾有云，"天下大势，浩浩荡荡，顺之者昌，逆之者亡"，强调了把握"势"的重要性，即要及时根据"势"的发展，做到与时俱进。

中国自古以来就不缺乏与时俱进的精神。

春秋战国时代，各地变法此起彼伏，变法是那个时代最显著的特征之一。齐国有管仲变法，最终击退戎狄，称霸一方；越国有范蠡改革，最终使越成功灭吴；李悝在魏国变法，使魏国强大，并获得秦魏河西之战的胜利。这样的事例举不胜举。各国通过变法，宽赋税、兴水利，农业发展，五谷丰登；奖军工、重武力，军事大振，实力大增。相反，拒绝审时度势，只顾享乐的君主，或是在战争中失利，或是被他国吞并，没有一个有好下场。秦国，作为那时西北高原上的一个诸侯国，偏于一隅，地广人稀，土地又不利于开发，先天"禀赋"并不如其他诸国。秦孝公即位之后，深感"诸侯卑秦，丑莫大焉"，认识到要想富国强兵，就必须实行变法。可见，这是一个胸怀大势、积极进取的君主，他能够审时度势，知道要将一个国家往哪个方向带领。于是，秦孝公颁布《求贤令》，重用商鞅，采用先进的法家思想，重农耕、奖军工，以法治国，最终使秦国一跃而起，威震一方，并经数代积累而最终造就了中国历史上第一个统一的封建王朝。

世异则事异，事异则备变。一个国家，只有紧紧跟随时代发展的潮流，把握时代的脉搏，才能在国际竞争中立于不败之地。虽时过境迁，但晚清的教训依然历历在目。当世界已经进入工业时代，英、法、美等西方国家相继开始资本积累，清王朝仍然做着自己的天朝梦，拒绝和外界沟通，抵触时代潮流。落后就要挨打，中华民族为此付出了惨痛的代价。一批仁人志士，兴起了救亡图存的高潮。林则徐提出要开眼看世界，放眼全球，融入世界；谭嗣同说"今中国未闻有因变法而流血者，此国之所以不昌也"，主张变法图强，向西方先进国家学习；胡适力主废除文言文，改用白话文，掀起了思想革新的浪潮。中国共产党人更是在时代斗争中，总结出了重要的指导思想，强调要时刻解放思想，实事求是，与时俱进。在革命年代，我们说既要坚持统一战线，也要"枪杆子里出政权"；在改革时期，我们对外开放，设立经济特区，开放沿海经济带，融入世界，全面发展；新时代来临之际，在党的十九大上，习近平总书记宣布中国特色社会主义发展进入了新时代，这是对我国发展新的历史方位的科学判断。新时代，要有新气象。"天宫""墨子""天眼""悟空"等一批重大科技成果问世，高铁、网购、共享单车和扫码支付这"新四大发明"被世界追捧，人工智能、大数据、云计算飞速发展，古老的中华民族正在迸发出新的活力，大国复兴正当时！可以说，实践在创新，理论也在创新。如今，中国共产党已经把与时俱进作为一个政党生存的基本线，把创新作为一个国家活的灵魂。

我们青少年又应该如何与时俱进呢？ 我们所生活的时代，是一个信息大爆炸的时代，也是一个剧烈变革的时代。 当今，人工智能时代已经到来，无人驾驶或将取代司机、快递员和外卖员，智能语音翻译将取代翻译员的工作，其他的像会计、审计、税务、证券交易员这些与数据打交道的职业都有可能被大数据智能分析所取代。 我们中学生如果不学习、不创新，就会被动接受知识，被动适应外部世界，最终也会被时代淘汰。 过去周总理说"为中华之崛起而读书"，今天我们北京师大附中学子要为中华民族的伟大复兴而奋斗。 我们要从小树立终身学习的理念，主动学习，多发现、多观察并且多思考。 我们不仅要时刻追随时代的发展、紧握时代的脉搏，还要在将来敢于做时代的引领者。 唯其如此，方能"苟日新，日日新，又日新"。

谢谢大家！

积跬步，至千里

孙晓红

老师们，同学们，大家好！

2017 年 5 月 14 日，习近平总书记出席"一带一路"国际合作高峰论坛开幕式，在发表的主旨演讲的最后说："中国古语讲：'不积跬步，无以至千里。'阿拉伯谚语说：'金字塔是一块块石头垒成的。'欧洲也有句话：'伟业非一日之功。''一带一路'建设是伟大的事业，需要伟大的实践。让我们一步一个脚印推进实施，一点一滴抓出成果，造福世界，造福人民！"

"不积跬步，无以至千里；不积小流，无以成江海。"这是《荀子·劝学》中的名句。它以平实的语句告诉了我们一个朴实的真理：任何看似伟大的事情，都是一点一滴做出来的，只要你坚持，就一定能成功。

东汉时期的陈蕃，是汝南平舆（今河南平舆县）人。他祖上是河东太守。他 15 岁的时候，曾经独自住在一个地方，庭院及屋舍十分杂乱。他父亲的朋友薛勤来拜访他，对他说："小伙子，你为什么不打扫房间来迎接客人？"陈蕃说："大丈夫立身于人世之中，应当以扫除天下的不平之事作为己任，怎么能只在意一间房子呢？"薛勤认为他有宏伟志向，与众不同，但是却显得心高气傲，于是薛勤反问他说："一屋不扫，何以扫天下？"陈蕃无言以对。陈蕃欲"扫天下"的胸怀固然不错，问题是他没有意识到"扫天下"正是从"扫一屋"开始的，"扫天下"包含了"扫一屋"，而不"扫一屋"又如何实现"扫天下"的宏愿呢？

老子说："合抱之木，生于毫末；九层之台，起于垒土；千里之行，始于足下。"我们只有从身边做起，从每一件小事做起，善积跬步而至千里。

其实，人生就是由这许许多多的微不足道的小事构成的。从孔子的"席不正不坐""割不正不食"到刘备的"勿以善小而不为，勿以恶小而为之"，可见从小事做起，注重点滴积累，自古以来便是名学大儒们所奉行的行为准则。所谓窥一斑而知全豹，就是在妥善处理点滴小事的过程中，我们的能力就有可能被认可，优良的个人形象也在潜移默化中构造，反之亦然。做好每件小事背后所蕴含的那种追求完美、追求卓越的品位，那种锲而不舍的执着，那种拒绝浮躁的心态，就是"积跬步，至千里"的过程。

唐朝"鬼才"诗人李贺的成功就在于积累。为了收集素材，他早上背上锦囊，骑着毛驴，外出游历，观察生活，一有灵感便记在纸上，放于锦囊中。一天下来回到家中，李贺将锦囊中积累的纸条拿出，在灯下选择整理，将有用的纸条再存入另一个锦囊中供以后写作用。"锦囊出珍品"，这才有了千古绝句"大漠沙如雪，燕山月似钩"。

伟大的无产阶级革命家，领导中国人民打倒帝国主义、封建主义、官僚资本主义三座大山的毛泽东，从少年时代开始大量地阅读历史典籍，如《二十四史》《资治通鉴》《孙子兵法》等，青年时代开始阅读近代东西方思想家的作品。新文化运动后期在北京大学担任图书管理员期间，毛泽东从阅读《共产党宣言》开始，大量阅读马克思主义理论书籍，在 20 世纪 20 年代初，完成了从激进的资产阶级民主主义者到马克思主义者的伟大转变。毛泽东持之以恒地学习、思考，直至生命的最后时刻，长期的积累成就了他"数风流人物，还看今朝"的豪迈。

当年叱咤疆场，横扫欧洲大陆的拿破仑，一个给法兰西人民带来无限荣耀，向世人发出"在我的字典里没有不可能"誓言的英雄，在巴黎军校攻读炮兵攻略、学习海军知识之时，一直是勤勉地苦学，用心地积累。当室友们吃午餐的时候，拿破仑依旧埋头于对地理、历史和数学的研究并乐此不疲。这种拼命苦学的精神持续了他的整个学习生涯，为他日后事业的成功奠定了坚实的基础。

今天我们号召实现中华民族伟大复兴的"中国梦"，作为中学生，我们肩负着光荣的历史使命，是实现"中国梦"、完成伟大民族复兴的主力军。让我们从自己做起、从现在做起，"苟有恒，何必三更眠五更起；最无益，莫过一日曝十日寒"（明朝学者胡居仁语）。让我们从一点一滴做起，一步一个脚印，持之以恒，积累知识，长本领，积跬步以至千里，成为"中国梦"的实现者。

谢谢大家！

博学于文，行己有耻

——由顾炎武的学术宗旨看怎样才能成为真正的爱国者

冯　健

老师们，同学们，大家好！

在上周的演讲中，高二（8）班的刘好同学以"天下兴亡，匹夫有责"为题，号召青年人扛起中华民族复兴的大旗，肩负属于自己的责任与担当。她讲的实际上是一个爱国的主题。爱国，是一个公民必有的道德情操，是中华民族最重要的传统之一，也是社会主义核心价值观的主要部分。作为青年学生的我们，在学校中也接受过多年的爱国主义教育。但不知大家有没有想过，怎样才能成为真正的爱国者。我们常说历史可以给我们提供很多经验，如果去历史中寻找这个问题的答案的话，明末清初的思想家顾炎武，无疑是最鲜活的素材。因为，他既是"天下兴亡，匹夫有责"的提出者，也是这一主张矢志不渝的实践者。

顾炎武的一生，具有崇高的爱国情操和独立不迁的人格风范。他从自身做起，唤起了每一个普通人的民族意识和爱国精神。他的思想，至今仍是推进中华民族伟大复兴的精神力量。如果认真研究顾炎武的一生，就不难发现，他之所以能成为一个真正的爱国者，与他提倡的学术宗旨是分不开的。这一学术宗旨，就是来源于《论语》的八个字："博学于文，行己有耻。"

先看"博学于文"。"博学于文"与爱国的关系，是一个涉及知识与道德之关系的问题。古希腊先贤苏格拉底曾说过"知识即美德"，无知的人不可能真正有道德，无知的人也不可能成为真正的爱国者。如果大家花一点时间深入了解一下顾炎武，就会震撼于他的著作是一座关于中国传统文化的宏大知识宝库。我们会看到顾炎武对中国的语言文字、历史地理、文物古迹多么有研究，对中国的典章制度、人物事迹多么有研究，对中国的经济、政治、思想、文化乃至民风民俗多么有研究，同时他的字和诗文又都写得那么好。如果能像顾炎武这样"博学于文"，这样熟悉和研究中国的优秀传统文化，我们就会自然而然地具备坚定的民族自尊心和自信心，就可以从中汲取民族复兴的精神资源和思想动力。爱国，也就不再虚无缥缈，不再仅停留在口号上。

要做到像顾炎武那样"博学于文"，我建议同学们在学习中要有意识地培养广泛的兴趣，要有对未知事物的执着追求，善于在知识上触类旁通；同时，要有世界性的眼光，这样才能极大地开阔我们的视野，在学问境界上更上一层楼。

"博学于文"，还要具有顾炎武那样的独立思考和勇于创新的精神。顾炎武是一位有着真正属于他自己的原创性理论创造的大思想家。他在经济思想、政治思想、道德伦理思想、哲学思想、史学思想和文学思想诸方面都做出了前无古人的理论创造。在经济思想方面，他突破了自然经济观念的局限，提出了近代经济发展的学理基础。在政治学方面，他突破了儒家"修齐治平"思想的局限，从现实的人性出发，来探讨有效防止政治腐败的理性化制度建设之路。在伦理学方面，他突破了传统儒家道德理想主义的局限，从社会生活的实际出发，来探讨切实可行的道德规范。他的哲学思想，是对程朱理学和陆王心学的双向扬弃，他提出了"明体适用"

的哲学观，并发挥出一整套"唯物""唯变"的哲学见解。 所以在创新精神方面，同学们也要向顾炎武学习，注意培养自己的三项能力，即独立思考的能力，批判性思维能力和创造性思维能力。 只有具备这三项能力的人，将来才能为国争光，才能将我们的爱国落实到实际行动之中。

"行己有耻"，是讲要用廉耻之心来约束自己的行为。 爱国的人必然要具备高尚的道德情操，很难想象连自己的行为都不加以约束的人，会有爱国的情感。 同学们都熟悉北京师大附中的校训"诚、爱、勤、勇"，它高度概括了学校"全人格"教育追求的优秀人格，同时也是北京师大附中人的行为规范和准则。 顾炎武倡导"行己有耻"，他最痛恨那些丧失民族气节的人，那些只知道追求做官发财、见利忘义的人，最反感那些势利眼的人、搞"窝里斗"的人、造假的人、缺乏起码的道德涵养的人。 他要人胸怀大志，做有骨气、有血性、有道德操守、有奇情豪气的豪杰之士，不要做精明而猥琐的小人。 一个人有了远大的理想和抱负，胸怀自然宽广，就不会只认为金钱和权势有价值，就不会只看到眼前的蝇头小利而去搞"窝里斗"，就不会把投机取巧看作是聪明，也不会以为什么事情都可以用金钱搞定而去做违法的事和不诚实的事。 我们要通过学习顾炎武，规范自己的行为，"勿以善小而不为，勿以恶小而为之"，守住我们的道德底线。 任何时候我们都要保持民族气节，都要维护我们的人格和国格，从而以新一代中国青年的良好形象向世界证明，究竟什么样的人才是真正的中国人，才是真正的爱国者！

同学们，习近平总书记曾给青年人的寄语中有这样两句话："青年处于人生积累阶段，需要像海绵汲水一样汲取知识。""广大青年人人都是一块玉，要时常用真善美来雕琢自己，不断培养高洁的操行和纯朴的情感，努力使自己成为高尚的人。" 我们从中读出的正是"博学于文，行己有耻"。 上周刚结束的高考，北京卷语文的作文题目之一为"新时代新青年——谈在祖国发展中成长"①，将国家的发展、将爱国与我们个人的成长紧密联系在一起。 我们要成为一个真正的爱国者，就要像顾炎武那样做到"博学于文，行己有耻"，把爱国落实到我们的学习中，落实到我们的人格培养上，励志勤学、刻苦磨炼，这样我们才能勇敢担当起这个时代赋予的历史责任，为实现中华民族伟大复兴的中国梦而不断奋斗。

谢谢大家！

---

① 本篇演讲稿作于 2018 年。

诚实守信：内不欺己，外不欺人

慕冰欣

老师们，同学们，大家好！

"人而无信，不知其可也。大车无輗，小车无軏，其何以行之哉？"两千年前孔子绣口轻启，吐露出流传千古的人生哲学。"人无信则不立"，所以为人处世，要诚实守信。那么诚实守信的标准是什么呢？或许有人认为，只要对他人言而有信，不假不欺，就是一个诚实的人。我认为，这个标准不够完整。一个诚实守信的人，应该做到"内不欺己，外不欺人"。

所谓"内不欺己"，就是自己不要欺骗自己。《礼记·大学》有言："所谓诚其意者，毋自欺也。"一个人首先要对自己诚实，不矫饰，不虚美，不逃避责任，并有足够的勇气来承担自己的过错。同学们，生活中你可曾说过这样的话："那道题我会做，就是不小心做错了！算上那道题，我的分数应该在某某同学之上。"这，就是自欺。我们貌似合理的解释是站不住脚的。因为我们仅仅看到了自己的失误，却没有想到他人也有可能失误。我们本可以通过努力超越其他同学，但是却没有这么做，仅仅是通过自欺消解自己的焦虑，这实际上是一种消极的逃避行为。我们对自己没兴趣、不想做的事情总能找到借口和理由不去做，这也是自欺。没有按时完成作业的我们，面对质疑，总会坦然地说"昨天我忘了带练习册回家""我不知道有这项作业"……难道真的没有办法了吗？如果我们养成记录作业的习惯，如果我们将作业先写在纸上，第二天再誊抄到练习册上，这些问题不就可以避免吗？

"外不欺人"，这个道理好理解。一个人，一辈子总要和别人打交道。"外不欺人"，就是对人真诚，诚实守信，不因为别人的无知疏忽而欺骗别人，不因为一己之私而蒙蔽别人。自古以来，诚实守信一直都是治国安邦、待人接物的前提。秦孝公在位时，商鞅任宰相，欲行新法，生怕民众不信任，于是立三丈之木于国都市南门，并贴出告示说：如有人将这根木头搬到北门就赏十金。所有民众都不信。直到将赏金提升至五十金，才有一壮士将木头搬到了北门，商鞅如约赏给了他五十金。此举取得了民众的信任，商鞅从而推行了新法。商鞅立木取信，从此被传为千古美谈。由此可见，诚实守信是获取信任的有效途径。相反，欺骗就会失掉大家的信任，最好的佐证就是那个家喻户晓的故事《狼来了》。不诚实的人有可能欺骗一时，但长久下去，总会露出破绽，到那时，失去了人们的信任，已是悔之晚矣。生命不可能从谎言中开出灿烂的鲜花，而一个弄虚作假、欺上瞒下的人更是不可能长久获得别人的信任。

孟子说："车无辕而不行，人无信则不立。"一个不诚实的人是不会有立足之地的。以诚待人者，人亦以诚应；以诈御人者，人亦以诈应。诚实守信能够赢得别人的信任和赞誉，所以我希望大家能够从自身做起，从小事做起，做一个诚信的人！在这里我向大家提三点建议。

一、严格律己，言行一致，不说谎话，作业和考试求真实，不抄袭、不作弊。

二、诚实待人，以真诚的言行对待他人、关心他人，对他人富有同情心，乐于助人。

三、做到守时、守信、有责任心，承诺的事情一定要做到，言必信，行必果。遇到失误，勇于承担应有的责任，知错就改。

同学们，诚实守信的人往往是有大智慧的人。他们"内不欺己，外不欺人"；他们可以坦诚地谈论自己的出身、处境和见解；他们无需借助更多的辞令、表情、手势来解释自己；他们胸怀宽广，光明磊落。 诚实守信是中华民族的传统美德，而为中华之崛起而读书的我们，又怎能轻易丢弃这种美德呢？ 让我们一起做诚实守信的中学生吧！

　　谢谢大家！

九层之台，起于垒土

刘晓静

老师们，同学们，大家好！

"修身、齐家、治国、平天下"是中国优秀传统文化对做人提出的一个理想标准。齐家、治国、平天下从修身起，培养理想人格首要的任务是学做人，而学做人具体的途径就是要修身。今天，我和大家分享的是《论语》里提到的修身的具体方法。我们总结为8个字：立志、自省、改过、讲信。

孔子指引的修身方法第一点就是要立志，"志"在《论语》里被反复强调，孔子自述经历，起点就是"吾十有五而志于学"，孔子对理想人格的要求第一条就是"志于道"。在跟学生交流时，孔子一再要学生们"各言其志"。无论做人求学，一切经过努力才能成功的事情，都是从立志开始的。俗话说"有志者事竟成"，反过来就是志不立，所有的事情都难以成功。孔子以志向的大小来评判历史人物的高下。在《论语·微子》里，孔子给予历史上避世隐居的人物最高评价的是殷代的伯夷、叔齐。因为只有他们能做到，"不降其志，不辱其身"。

从孔子开始，中国的先贤都特别强调立志的重要性。宋代哲学大师张载说："志小则易足，易足则无由进。"志向太小就容易满足，一容易满足就不再努力了，没有可能取得更大的进步。明代哲学大师王阳明说："学不立志，如植木无根，生意将无从发端矣。自古及今，有志而无成者则有之，未有无志而能成者也。"王阳明所说的生意即生机，指一个人不立定志向就像植物没有了根，生命力没有了基础和养料。在王阳明眼里，立志已经是关涉生死的第一件大事了。

第二点是要学会自我反省。西方有哲人说：不经过反省的人生是不值得过的人生，因为反省是人才具备的能力，动物不具备反省的能力，主要依靠本能生存。人类具备了反省的能力，才能不断改过，不断进步。曾子也有"吾日三省吾身"的名言。孔子要求我们，"见贤思齐，见不贤而内自省也"。无论见的是贤还是不贤，我们都要把他人作为一个参照物，目的是反省自己、检查自己。看见别人做得好，就向他看齐；看见别人做得不好就自我告诫，以后在我身上千万不要出现像他们那样令人讨厌的言行。

我跟大家分享的第三点跟自我反省紧密相联，就是改过。人不可能不做错事，孔子自己也承认，他也有犯错的时候，但中国古人提倡，"闻过则喜，过而能改"。鲁国的国君鲁昭公从吴国娶了一位同姓的夫人，但按周礼的礼法，同姓的人是不可以通婚的，所以鲁昭公违背了这一礼制。《论语·述而》里记载，有个叫陈司败的人问孔子："昭公知礼乎？"孔子回答："知礼。"陈司败听了以后跟孔子没表示什么，却和孔子的学生巫马期说："吾闻君子不党，君子亦党乎？"这里的"党"是偏袒的意思。我听说君子是不偏袒人的，你老师孔子这样的君子，也偏袒人么？鲁昭公娶了一位同姓的夫人回来，他要懂得礼，还有谁是不懂得礼的呢？巫马期把陈司败的话转告给了孔子，孔子说："丘也幸，苟有过，人必知之。"我孔丘真是幸运啊，如果有了过错，别人就一定会指出来。孔子把别人指出自己的过错看作是自己的幸运，因为这就使自己有了改正的可能。

孔子提倡的是"过则勿惮改"，这也是中国先哲一再倡导的。王阳明说："夫过者自大贤所不免。"犯过错是大贤人都难以避免的。"然不害其卒为大贤者，为其能改也。"大贤人犯了过错，却并不妨碍他最终还是成了大贤人，就因为他能改正。 所以王阳明说："故不贵于无过，而贵于能改也。"所以可贵的不是一个人没有过错，而是他犯了错就能改。

《论语》指引的修身方法还有讲信，《论语》中的信是"信实不欺，诚为本德"。 子曰："人而无信，不知其可也。"当孔子谈"信"，"信"便是"以人为本，民信国安"。 子曰："足食，足兵，民信之矣。自古皆有死，民无信不立。"小到曾子杀猪，大到商鞅变法，流淌在中国人血脉中的始终是一个信字。 若没有商鞅"移木者赏金"的许诺，变法何以成功？ 孟子继承了孔子的思想，他夸奖一个人的时候用了两个名词，一个是"善人"，一个是"信人"，就是夸此人是一个善良的人，一个讲诚信的人，无论说话还是做事都踏踏实实，一步一个脚印，这样的人才能得到他人的信任，这样的人才是信人。 希望我们人人做善人，人人做信人。

谢谢大家！

为仁由己

岳 琪

老师们，同学们，大家好！

"为仁由己"出自《论语》，其意思是实行仁德在于自己，而不在旁人。施行仁义是自己内心的选择，而非让社会环境的风向引导自己的行为。只有心存善念，才能施行仁行。

子曰："克己复礼为仁。一日克己复礼，天下归仁焉。为仁由己，而由人乎哉？"颜渊问怎样做才是仁。孔子说："克制自己，一切都照着礼的要求去做，这就是仁。一旦这样做了，天下的人就称赞他是个仁人了。实行仁德，完全在于自己，难道还在于别人吗？""克己复礼为仁"，这是孔子关于什么是仁的主要解释。在这里，孔子以礼来规定仁，依礼而行就是仁的根本要求。所以，礼以仁为基础，以仁来维护。仁是内在的，礼是外在的，二者紧密结合。这里实际上包括两个方面的内容，一是克己，二是复礼。克己复礼就是通过人们的道德修养自觉地遵守礼的规定。这是孔子思想的核心内容，贯穿于《论语》一书的始终。

有人也许会困惑，那现代社会"为仁由己"又有什么时代意义？

我想用几年前的一个真实的新闻来解释。随着一篇"帮扶摔倒老人却被讹"的报道"横空出世"，关于这种情况下"扶"还是"不扶"的问题引发热议。许多网友在大力批判这种讹人行为的同时，表示下次遇到这种情况绝不出手相助，要让"讹人之人"得到教训。但就在这种风气之下，某出租车司机刘师傅却在遇到摔倒老人后第一时间将其送往医院，并垫付了医药费。当他被问起是否考虑过会被讹时，他说："谁家没个老人呢？不管网上怎么传，能扶必须扶才对得起良心。""对得起良心"这简简单单的五个字却言尽了"为仁由己"的内涵，体现了刘师傅心中的善念，更体现了许许多多同刘师傅一样的人心中的仁。他们不做沉默、冷漠的"大多数"，而是用自己的"个例"照亮其他人以至整个社会。不要让社会环境决定个人行为，这就是对"为仁由己"最好的实践。

不仅仅是善举，我认为"为仁"更可以理解为一种社会意识——源于对社会现实思考后形成的个人的价值选择。

昔日，中国内忧外患，列强入侵，封建势力顽固，人们都在这战火纷飞的土地上思考如何自保、如何生存，但却有周恩来"为中华之崛起而读书"；有毛泽东创办《湘江日报》，传播革命思想，发动农民起义救国；有陈独秀等人创办《新青年》，以笔为武器，思想救国；更有那些为国家抛头颅、洒热血的爱国将士们！虽然在动荡的乱世中有人躲进了租界只求自保，有人举家移民海外逃避战乱，有人闭门不出研究"学问"，但是那些爱国志士们却没有被当时的社会环境所磨灭意志，他们的精神超越了现实，引导着救国运动，甚至超越了时代，时至今日仍引导着我们砥砺前行。他们是另一种"为仁由己"！

最近①处于风口浪尖的华为，在回应"90 天临时执照"的时候强调：对我们没有多大意义，我们已经做好了准备，最重要的还是把自己的事做好。美国政府做的事不是我们能左右的。面对这次来自美国的打压，华为在致员工的一封信中表示：尽管前方的道路更为艰辛，外部环境复杂严峻，但华为将以勇气、智慧和毅力，在极限施压下挺直脊梁，奋力前行！这种从容不迫的态度是何等"为仁由己"的大度和凛然。

---

① 本篇演讲稿作于 2019 年。

　　此时我们再反观自己，在我们的学习生活当中，当其他同学对迎面走来的老师视而不见时，你能否面带微笑问候一声"老师好"？ 当中午面对拥挤的食堂时，你能否做到从队末排起而不去插队？ 当结束了如火如荼的体育运动时，你能否有意识地带走散落的饮料瓶？ 这些事虽然细小，但如果你的回答是肯定的，那么你就做到了"为仁由己"。

　　让我们自己决定自己的行为，不受周遭环境的影响，心存善念，做到真正的"为仁由己"吧。

　　谢谢大家！

博观约取，让我们智慧起来

赵 敏

各位老师、同学，大家好！

今天我演讲的题目是《博观约取，让我们智慧起来》。

在我开讲之前，我先请同学们猜一猜他是谁。

他是一位科学家，在科学上的成就很大也很多，涉猎的范围很大也很博，他是空气动力学家还是"火箭之王"，他是"中国航天之父""导弹之父""自动化控制之父"，还是中国载人航天事业的奠基人，"两弹一星"功勋奖章获得者。

你们是不是早就猜出他是谁了？ 对，他就是大家的老学长，我国著名的科学家——钱学森。 钱老既是世界闻名的科学家，还是才华横溢的学者。 他不仅在多种传统学科诸如空气动力学、弹性力学、火箭推进理论方面取得了辉煌的成就，还开拓了许多新的科学研究领域，创立了令人耳目一新的学科。 早在1954年钱老就开创了一门崭新的技术科学——工程控制论，后来又在运筹学、计算机科学、高能物理、科学学、系统工程、社会工程、光子学、思维科学、人体科学诸学科领域，提出了许多新颖、深刻的见解和创造性的理论，像系统科学、思维科学、人体科学这些理论都是钱学森独创的。 他是一位博学的科学大师，被人尊为大科学家。

古今中外还有很多和钱老一样的学者。 被誉为"中国科技史上的活坐标"的沈括，就是北宋时期一位学识渊博、成就卓越的科学家、政治家。

一生有355项专利权的发明家诺贝尔也是一个知识丰富、兴趣广泛、博学多才的人，他对电学、光学、机械学、生物学、生理学都相当了解。他说"各种科学彼此之间是有内在联系的，为了解决某一科学领域里的问题，应该借助于其他有关的科学知识"。此外，诺贝尔还是个诗人和文学爱好者，他喜欢阅读瑞典文、英文、法文、德文、俄文的各种文学名著。

据统计，凡在科研中取得辉煌成就的科学家，大多知识面开阔，涉及的研究范围广阔。其实，许多科学大师在求学成长过程中就已接受过多学科的"博学"教育。也正是他们做到了博观约取，厚积薄发，才有了非凡的业绩。

"博观约取，厚积薄发"出自苏东坡的《稼说送张琥》一文，意思是读书要广博而善于取其精要，要有丰富的积累而谨慎地运用知识。孔子曰："博学于文，约之以礼。"孟子说："博学而详说之，将以反说约也。"这些古代先贤给我们指明了治学之道。

"学愈博则见愈远。"博观，指大量地看书，多多阅读，了解事物，也就是要广泛涉猎，兼容并包。这样才有可能求同存异，探索规律，"会当凌绝顶，一览众山小"；才有可能触类旁通、融会贯通，借他山之石以攻玉；才有可能不失机敏，洞察新知，知不足而自反；才能摆脱低俗，拒绝平庸，走近高尚。

博观，首先是要观，坐下来，心到、眼到、口到，把书读进去。其次是博，"读书破万卷，下笔如有神"，这里的"博"不仅有量的要求，还包括类的差异，古今中外，文理兼读；博不仅要读好书，还要读生活之书，生活处处有学问，读万卷书，行万里路，历万端事，将视野开阔，格局提升。

说到实践，就不能不说我国古代著名的医药学家李时珍，他走访了祖国的名山大川，并拜渔人、樵夫、农民、车夫、药工、捕蛇者为师，参考历代医药等方面书籍925种，考古证今，穷究物理，记录了上千万字札记，遍尝百草，弄清了许多疑难问题，才完成了宏篇巨著《本草纲目》。

李时珍的成就不仅来自于博观，还有在博观基础上的约取。 约取，指少量地、慢慢地拿出来。 在浩如烟海的知识海洋中，我们拿哪些，不拿哪些，应该怎么取舍？ 《礼记·中庸》中有云"博学之，审问之，慎思之，明辨之，笃行之"，博观中要审问、慎思、明辨，既要勤思好问，又要如沙里淘金般去粗取精、去伪存真，取其精华，去其糟粕，实现约取，将有知识变成有智慧。

今天我们面对的知识产生方式正从"以学科为中心"转变为"以问题为中心"。 "以问题为中心"就是要从各学科不同的侧面或视角展开对同一问题的思考与探究，通过不同领域的知识交融，拓展和加深对相关问题的理解和认识。 不同领域的知识交融需要博观，思考与探究需要有问题意识、辨识能力，需要约取。 面对新的时代，面对新的学习方式，我们要改变我们的思维和认知，转变我们的观念。 读书，让我们智慧起来。

谢谢大家！

愿,乘长风破万里浪

余佳蔚

老师们,同学们,大家好!

今天我想和大家分享一个现在流行的话题,我演讲的题目是《愿,乘长风破万里浪》。

今年夏天,一档名为《乘风破浪的姐姐》的综艺节目火遍了大江南北,而"乘风破浪"四个字,也成为时下最流行的热词,它默默地成为了努力与积极的代名词。仿若你不谈"乘风破浪",便不懂生活。我在中考阅卷时,也经常能看到学生在作文里引用李白的"长风破浪会有时,直挂云帆济沧海"一句,虽然有同学会误记为"乘风破浪会有时",但足以证明这个成语带给大家的深刻印象了。那么,什么是乘风破浪呢?它仅仅指志向远大吗?

解决这个问题,我们需要先追溯到说这句话的人那里。《宋书·宗悫传》中记载:"悫年少时,炳问其志,悫曰:'愿乘长风破万里浪。'"想必大家对这段典故都不陌生,因为四百年后的某天,一位失意的中年人将这个典故用在了诗歌《行路难》里,来形容自己志向远大——他就是我在刚才提到的李白。然而,在《资治通鉴》中,有这样一段记录:"南阳宗悫,家世儒素,悫独好武事,常言'愿乘长风破万里浪'。"原来,宗悫出生于南北朝时期南阳的一个官宦书香门第,宗悫的叔父宗炳是东晋名士,在当时的社会环境中,人们普遍认为习文是正业,习武是"废柴"行为。

宗悫一心好武，整天只爱好舞枪弄棒，到处闯祸。终于有一日，叔父无奈，想问问这个特立独行的孩子到底有什么志向。此时的宗悫，大概会轻轻放下手中的剑，无比认真地回答道："愿乘长风破万里浪。"宗炳听后长叹一声："汝不富贵，即破我家矣。"他担心，这小伙子一定不会走寻常路，长大后要么人生有大成，建功立业；要么搞得鸡犬不宁，家道败落。

所幸，宗悫做到了前者。从军路上一路艰险，他坚毅笃定，成为一代将才；在击败敌国，缴获不可计数的金银财宝时，他严明军纪并身正为范，对战利品不取一毫，践行了儒素世家的家风。纵观宗悫的一生，他果真践行了"乘风破浪"这四个字，乘的是从武之风，破的是杀敌之浪。值得一提的是，他并不与他人苟同，在周围人都以读书从文作为毕生事业时，他不拘一格，选择了自己的人生方向。孔子说："三军可夺帅也，匹夫不可夺志也。"如此看来，"乘风破浪"应该有一份自己的坚持与笃定。

距离宗悫去世八百多年后的正月，一位被俘虏的臣子经长江口南下时，写下这样的诗句："几日随风北海游，回从扬子大江头。臣心一片磁针石，不指南方不肯休。"这位满面沧桑的中年人真的在海上"乘风破浪"了，他就是文天祥。在很多人的印象中，南宋这个朝代，统治者一味苟安杭州一隅，军民懦弱，除了岳飞和文天祥，似乎找不出忠臣了。然而，宋元最后一次大战，史称崖山海战，文天祥在元军的囚舰中，目睹了两军交战的场面。在文天祥留下的文字记载中，数以千计的宋军战船毁于一旦，海上浮尸十万。南宋忠臣陆秀夫先是命自己的夫人自尽，然后又用白绫把自己和年仅七岁的皇帝赵昺绑在一起，怀揣玉玺，从容投海。这场悲壮的"乘风破浪"的海战最终以宋军的全军覆没告终，南宋军民尽皆死难，无一人降敌。我不由又想起孔子那句"三军可夺帅也，匹夫不可夺志也"，原来，"乘风破浪"也是有风险的，海上不可能永远风平浪静，也不可能永远顺风顺水。而南宋的最后一搏，却让中华民族求生存、求自尊、求自卫的伟大精神流传至今。如此看来，"乘风破浪"应该有一份勇敢与无畏。

从文天祥那时到现在，又历经了八百多年，当下的"乘风破浪"，似乎又被赋予了新的内涵。抗击新冠肺炎疫情的逆行者"乘风破浪"，他们以奉献精神和求实态度击退了病毒；中国女排的姑娘们"乘风破浪"，她们以顽强团结的力量为中国人重新夺冠；各行各业的普通工作者"乘风破浪"，他们立足平凡岗位拼搏进取，有一分热，发一分光……当下"乘风破浪"的绝不仅仅是你我，还有无数个"你我"集合成的"我们"，为共同的梦想写下一个个生动的注脚。

以前我们想起"乘风破浪"，总会想起那个不到 20 岁，坚持自己人生道路的少年宗悫。而如今，"乘风破浪"于我们，应该多一份坚持与笃定，多一份勇敢与无畏，多一份集合与团结，我们正是那时代大浪中的浪花。也许，这才是对"乘风破浪"最好的时代诠释。

谢谢大家！

艰难困苦，玉汝于成

张立澍

老师们，同学们，大家好！

今天我演讲的题目是《艰难困苦，玉汝于成》。

"艰难困苦，玉汝于成"这句话出自北宋哲学家张载所著《西铭》，意思是只有经过艰难困苦的磨炼，才能取得成功。艰难困苦指的是处境艰苦，困难重重。在这样的客观条件下，欲达"玉成"，个体必须有吃苦耐劳、艰苦奋斗的精神品格，必须坚持不懈地为之奋斗。

从古至今，"艰难困苦，玉汝于成"的奋斗精神始终流淌于中华民族的血液中，任时光流转，历久弥新。它是孙敬头悬梁、锥刺股的勤奋与刻苦，是愚公势要移山开路的执着与毅力，是勾践十年卧薪尝胆的隐忍与坚韧。在新民主主义革命时期，中国革命斗争之所以能够取得胜利，很重要的一个原因就在于中国共产党人一直保持着艰苦奋斗的精神，井冈山精神、长征精神、延安精神、沂蒙精神、西柏坡精神等，无一不是这种精神的体现。在岁月的长河中，一代又一代的中华儿女正是靠着这样的精神，不断创造历史。它早已融入我们的血脉，激励着一代又一代仁人志士不畏艰险、奋发图强，成为中华民族文化最重要的内核之一。

20 世纪 50 年代，被誉为"中国航天之父""中国导弹之父"的北京师大附中人杰出代表——钱学森学长毅然放弃在美国优厚的生活待遇及发达的技术支持，冲破美国的重重阻挠，回到祖国，肩负起为中国制造第一枚导弹的重任。 而此时的新中国，百废待兴，没有丰厚的资源，更没有领先的技术。 要制造导弹这种尖端武器，困难是显而易见的。 发展新中国的国防工业，就得靠艰苦奋斗、自力更生。 钱学森先生带领他的团队，在艰苦的岁月中，呕心沥血，攻坚克难，在恶劣的环境中，克服重重困难，于 1960 年研制成功了中国第一枚导弹，并于 1966 年成功发射了第一枚导弹，1970 年又发射了中国第一颗人造卫星，为中国航天事业奠定了基础，为新中国的国防科技事业做出了卓越的贡献。

中国人民艰苦奋斗的精神拥有超越时代的力量，影响了一代又一代中国人。 2020 年国庆假期热映的电影《夺冠》，也将我们带回到一段奋发拼搏的岁月。 20 世纪 70 年代末，正是改革开放初期，中国女排没有先进的训练设备，缺乏参加国际性大赛的经验，而其对手，不仅有发达的训练设备，还有优越的训练条件和充足的大赛经验。 面对艰难的状况，女排队员们没有退缩，没有选择放弃，而是迎难而上，身体素质的差距就用刻苦的训练弥补，训练条件的鸿沟就用淋漓的汗水填平。 正是如此艰苦的训练和女排队员自强不息的奋斗，使她们在第三届女排世界杯大赛中，在落后的情况下连扳三局，最终赢得了冠军。 当五星红旗冉冉升起，当《义勇军进行曲》响彻赛场时，中国人再一次用艰苦奋斗的精神，征服了比赛对手，向世界证明了自己。

中国女排的傲人成绩，来源于她们艰苦奋斗、永不言弃的珍贵品质。从新中国成立初期，到改革开放初期，在那个物质匮乏的年代，我们的前辈凭借着不畏艰险、攻坚克难的精神，创造出了一个又一个奇迹。 王进喜、焦裕禄……一个个熟悉的名字背后，是不懈的努力和毕生的心血，是一曲曲感天动地、气壮山河的奋斗赞歌。

艰苦卓绝奋斗的成果，引领着我们迈入了崭新的阶段。 今天富足美好的生活中，已经不再有前辈们所承受的艰难困苦，我们生长在一个富足美好的新时代。 审视一下自己，我们不难发现，生活富足了，我们多多少少遗忘了前辈们艰苦奋斗的精神。我们沉浸在舒适的生活环境中,却失去了直面狂风暴雨的勇气。我们越发浮躁和不安,执着于眼前得失,却对他人的奉献视而不见。面对学习和生活中的挫折,我们常自怨自艾,遇到一点点困难就犹豫退缩,经历一点点坎坷就想要放弃。时代在发展,世界格局风云变化,未来的我们将面临更多新的机遇和前所未有的挑战。正因如此,我们更应弘扬从古至今传承下来的"艰难困苦,玉汝于成"的精神,以新时代背景下的抗洪精神、载人航天精神、同心抗疫等精神,作为我们持续奋斗、勇往直前的强大精神动力。

"道虽迩,不行不至;事虽小,不为不成",我们要"不畏浮云遮望眼",敢于迎难而上,要受得起挫折,经得起考验,扛得起重担,吃得起苦,以坚韧不拔的奋斗精神,面对学习和生活中的挑战;要自强不息,开拓奋进,在任何时候都不懈怠,不涣散奋斗意志,努力实现我们的学习奋斗目标,为国家和社会做出自己的贡献。我们要抵制各种诱惑,保持自己的本心,做自己生活的主人。习近平总书记多次强调努力践行艰苦奋斗精神的重要性,指出"奋斗是艰辛的,艰难困苦、玉汝于成,没有艰辛就不是真正的奋斗,我们要勇于在艰苦奋斗中净化灵魂、磨砺意志、坚定信念",并强调我们要把艰苦奋斗精神一代一代传承下去。

人生因奋斗而充实,青春因奋斗而多彩。让我们共同努力,传承艰苦奋斗的精神,在人生的道路上披荆斩棘、乘风破浪,在这日新月异的时代,奋发向上,砥砺前行!

谢谢大家!

绝知此事要躬行

丁　昊

老师们，同学们，大家好！

今天我演讲的题目是《绝知此事要躬行》。

中华优秀传统文化中蕴藏着解决当代人类面临的难题，以及解决我们生活中遇到的难题的重要启示，比如"脚踏实地，实事求是"，在我国就有着悠久的传统。

高一的学生在入学初始即学习了荀子的"不积跬步，无以致千里；不积小流，无以成江海"，这其中便蕴含了"脚踏实地"的思想。唐代文学家韩愈在《进学解》中也恳切地说："业精于勤而荒于嬉，行成于思而毁于随。"他主张人们要勤思考、多学习，不要荒废学业，更不能随波逐流、人云亦云，这无疑也是"脚踏实地"思想的一种体现。宋朝邵伯温的《闻见前录》中记载："司马光尝问康节（康节就是邵伯温的父亲邵雍，他谥号康节，是北宋著名学者），曰：'某何如人？'"司马光问："我是什么样的人啊？"邵伯温的父亲说："君实（司马光字君实）脚踏实地人也。"这是"脚踏实地"在文献中的首次出现，当时人已用这个词来形容人做事认真踏实，我们至今都在沿用这个含义。

与之不同的是，"实事求是"这个词出现得很早，含义却在不断演变。《汉书》中记载，汉景帝的儿子河间献王刘德"修学好古，实事求是"，是说刘德在研究典籍时非常注重事实依据，遇到典籍之间说法不同的，则一定要分清是非真伪，可见"实事求是"这个词最初是指这种严谨、求实的治学方法和态度。 在汉朝之后的一千多年里，秉持刘德这种态度做学问的学者很多，清朝中期著名的"乾嘉学派"，重视考证，尤其重视对经典字句和典章制度的考订。 著名学者钱大昕曾说自己的治学态度是"实事求是，护惜古人"，另一位清代学者阮元也说："余之说经，推明古训，实事求是而已，非敢立异也。"清人说的"实事"指的是蕴含圣贤礼仪的典章制度。 "求"是指赖以治学的手段，如文字学、文献学方法等。 "是"则是治学的最终要旨，即经传解释、史实典章等的是非。 也就是说，清代的"实事求是"，是通过学术研究考证典章制度记载的对错。

"实事求是"的现今含义与毛泽东同志分不开，1941 年他在延安发表了题为《改造我们的学习》的讲话，里面提到共产党人要"有实事求是之意，无哗众取宠之心"。 "实事"就是客观存在着的一切事物；"是"就是客观事物的内部联系，即规律性；"求"就是我们去研究。 所谓"实事求是"也就是不凭主观想象，不凭一时的热情，要从实际情况出发来认识世界，从实际情况出发来做事和解决问题。 而代表"认真踏实做事"的"脚踏实地"，则被视为"实事求是"的前提。 因此，这两个词就逐渐结合到一起，成为求真务实思想作风的代表。 1978 年，邓小平同志在党的十一届三中全会上发表的题为《解放思想，实事求是，团结一致向前看》的讲话，再次强调了"实事求是"的重要性，拉开了改革开放的序幕。

随着时间的推移，"脚踏实地，实事求是"精神已渗入中华文明的血脉，成为了中国文化基因的一部分。 即使在文化、科技都已获得巨大发展的今天，这种精神仍是公认的美德之一。 这八个字所代表的，就是我国历史上重视实学、实务，反对空疏作风，强调认真做事、踏实做人的思想，如果用四个字来概括，就是求真务实。 先有求真务实的意愿，懂得实事求是的方法，然后脚踏实地去做。 它既是国家发展的重要指导，也是我们做好每件事的前提。 习近平总书记在俄罗斯索契接受俄罗斯电视台主持人布里廖夫采访时说，中国幅员辽阔，有"56个民族，13亿多人口，经济社会发展水平还不高，人民生活水平也还不高，治理这样一个国家很不容易，必须登高望远，同时必须脚踏实地"。

我们在工作、学习与生活中遇到的问题，除了极少数（主要是高精尖领域的科研问题）可能需要"天才的一闪念"之外，绝大多数都是要抓住核心问题，脚踏实地地一步一步向前推进。 即使看起来是凭借"天才"产生的解决方案，也往往建立在此前认真踏实工作的基础上，所谓的"天才想法"，不过是在某方面积累足够深厚之后迸出的思想火花而已，而不是空中楼阁式的妄想。 同学们可以观察你身边的学霸，他绝不可能是一个不认真思考，不踏实落实，不勤于积累的简单的"聪明的学生"。 他的聪明可能是这些年努力学习的成果，没有脚踏实地的持续努力，一个人的智商和优势会慢慢被消耗。 反之，一个勤奋的人经过不断地默默努力，有一天你会惊奇地发现：天哪！ 他好聪明！ 我们还可以反思一下自己的学习和生活，入学教育的第一天，各科老师就向大家强调了积累的重要性，在日复一日的学习中，老师们也是不厌其烦地抓基础、抓落实。 大家在背单词、读课文、记百词、背诗歌、查古文翻译、积累作文素材这些日常细碎的学习中挣扎，有多少同学因为看不到短期的成效而日益松懈，放松对自己的要求，甚至放弃。 但改变和进步恰恰就是在每天的坚持和积累中悄然发生的，积水成渊，积石成山。 如果一切都能立竿见影，那我们也不会花费一生的时间来慢慢成长，不断体会人生和世界的真谛。 希望同学们从今天开始，脚踏实地，在平凡的日常中积累出不平凡的未来。

谢谢大家！

明辨之，笃行之

包秀珍

老师们，同学们，大家好！

我的这篇演讲缘起于这样几件事情。

前几日，在观看本校乒乓球比赛时，我听到观众席中传来这样两种声音，一方观众高呼"打持久战"，一方则喊"耗死他"。本同属文明之举且具有同样意义的欢呼喝彩，却是以截然不同的方式呈现，虽都是热情的鼓励，却站在文明的正负两端。

博物馆中，在"禁止拍照"的警示标志旁，仍有肆无忌惮的闪光灯和快门声。一位老人严厉地批评了拍照者，却招致不屑和讥讽。让人意外的是，打击之下，老人的道德天平竟倒向了不文明的一端，竟也拿起了手中的相机，结束了这次"义举"。仅仅几分钟的时间，同一个人却在文明的试衣镜前来了一次"丑陋"的转身。

我想，北京师大附中学子一定懂得文明观赛的道理，那位老人更是先充当了一个深明大义的角色，可到头来他们的行为却与文明背道而驰。一位哲人说过，"万物之中，文明是最脆弱的"，你的文明是否也是这样不堪一击？是否也在情急之下变了味道？是否也在打击之下没了踪影？

接下来这件事发生在我四岁儿子的身上，他与小朋友玩耍时，霸占了别人的玩具，当受到批评时，他为自己辩驳："我知道不该抢别人的东西，但我实在是太喜欢这个玩具了。"发生在孩子身上看似缺少逻辑的事情，又何尝不以极"正常"的状态发生在我们大家身上？

我知道应该节约用水，但我忘了关水龙头；我知道应该遵守交通规则不闯红灯，但我快迟到了；我知道不该乱扔垃圾，但景区里的下一个垃圾桶太远了；我知道不该说脏话，但看比赛时太激动了……

凡此种种，都在昭示着一种真相，讲道德、讲文明太容易停留在"讲"的层面上，而难以达到"行"的高度。

《礼记》中记载了孔子这样的一段话："博学之，审问之，慎思之，明辨之，笃行之。"对于"明辨之，笃行之"，我们大可以跳出学习的领域推衍到文明的、道义的范畴来理解。

"明辨之"，即明白了道理，理解了文明，继而就要"笃行之"，坚决地去实行。

从幼儿园到大学，从家庭到社会，我们绝不缺少对文明的宣传教育，绝不缺少对文明侃侃而谈的公民，"明辨"文明应该不是难事，但乱扔垃圾、排队加塞、破坏公物的不文明现象却比比皆是。究其原因，就在于许多人面对文明总是充当语言的巨人、行动的矮子，使文明"笃行"往往在与个人利益的交锋中败下阵来。

古希腊哲学家德谟克利特曾一针见血地指出，"应该热心地致力于按照道德行事"，而不要空谈道德。

曾经一次以"奉献"为主题的班会让我记忆深刻，不是因为精彩的设计，也不是因为积极的参与，而是因为同学们激情昂扬地讨论了奉献的意义后，却少有人在散会后奉献自己的时间和精力来打扫教室。

可见"明辨"易，而"笃行"何其难！

著名教育家谢觉哉对此也不乏感慨："不是不能见义，怕的是见义而不勇为。"我们的社会不需要见义讲理的空谈文明者，而是需要笃行道义的践行文明者。

我们不否认文明是脆弱的，但是只要你我从内心深处明辨文明，在行动中坚定不移地践行文明，我们就会构建一个越来越强大的文明堡垒。

"明辨之"继而"笃行之"。

知道节水的重要性，我们就关好每一个水龙头；知道尊老爱幼，我们就不拒绝任何一个让座的机会；知道交通法规需要遵守，我们就不逆行争抢；知道诚实守信的道理，我们就永远对"作弊"说"不"。

古人讲究"修齐治平"，即"修身、齐家、治国、平天下"。"修身"是本，"齐家、治国、平天下"是末。个人的素质被奉为成功的基石，而考量一个人的高素质的标准不是道貌岸然的言谈举止，不是冠冕堂皇的高学历，不是附庸风雅的生活格调，而是要将道德文明植入骨髓，外化为点滴言行。

言易，行难；明辨易，笃行难；对文明的理解易，对文明的践行难。

"路漫漫其修远兮"，希望我们在文明的征程上，能够成为重修身的高素质公民。请记住，要明辨文明，更要笃行文明。

谢谢大家！

静以修身

龙 军

各位老师、同学，大家好！

很高兴能与大家交流，今天我演讲的题目是《静以修身》。

如今人们的生活节奏越来越快，生活水平越来越高，生活质量却似乎越来越差。人们往往会为了一点小利而急于求成，为了一点小错而暴跳如雷，因为一点小压力就不堪重负……简而言之，就是现在的人们太浮躁了。浮躁是一种不良的情绪，一种并不可取的生活态度。人浮躁了，会终日处在又忙又烦的应激状态中，脾气会暴躁，神经会紧绷，长久下来，会一事无成。

浮躁是现代人的通病，原因在于激烈的竞争与繁重的工作、学习压力使得现代人一味追求速度、效率和解决问题的所谓捷径，从而忽略了耐心和等待，甚至不惜代价地投机。表现在同学们的学习和生活中，就是有的同学上课时无所事事，总是不能集中注意力；下课后不安分守己，无法完成基本的学习任务，学业测验时甚至企图靠抄袭蒙混过关；情绪上起伏不定，见异思迁，无法与亲友、师长进行正常的情感交流；行为上盲目冲动，随波逐流，对前途毫无信心；等等。

要想克服浮躁心理，必须对症下药。从根本上说，我们要提倡脚踏实地、平心静气，特别是在外物侵扰的情况下，更应该牢记"静以修身"的古典良训。

人心"静"了，会有什么好处呢？ 让我们先来看一个故事吧。

京剧里有一出诸葛亮妙施"空城计"的戏，相信大家都听说过。 诸葛亮因错用马谡而失掉战略要地——街亭，司马懿乘势引大军15万向诸葛亮所在的西城蜂拥而来。 当时，诸葛亮身边没有大将，只有一班文官，所带领的军队，也有一半运粮草去了，只剩2500名士兵在城里。 众人听说司马懿带兵前来的消息都大惊失色，独有诸葛亮成竹在胸，大开城门，然后独坐敌楼，摆出一副"请君入瓮"的架势。 没想到司马懿还真被这阵势吓倒，带领这15万精兵撤退了。

此故事虽是戏说，但因符合人物的性格特征，因而一直被人津津乐道。 后人谈及此事，往往称赞诸葛亮智绝天下，而笑司马懿懦弱犹疑。 但仔细一想，似乎又不尽然。 其一，司马懿能够亲自率领15万精兵直扑西城，实施这次行动，足见其情报工作是做得相当到位的，怎么可能猜不透诸葛亮的虚实呢？ 其二，这是抓捕诸葛亮的最佳时机，就算是里面真有埋伏，我将你团团围住，然后安坐城下静静欣赏你的个人音乐会，又有何不可？ 其三，司马懿智力再不济，派一个"特种部队"进去探探虚实也可以吧，为什么白白放过这个千载难逢的机会转身就跑呢？

我始终认为，老谋深算、雄才大略的司马懿不至于如此低能，他能做出如此举动，肯定有他的理由。 想想当时曹魏国内的情势，曹氏权贵对司马氏处处提防掣肘，所以对司马懿来说，有诸葛亮这个对手，那简直就是他的救星。 虽然西城有一举生擒诸葛亮的良机，但之后呢？ 兔死狗烹的悲剧一定会降临到他的头上。 我们完全可以猜测，司马懿与诸葛亮在西城对视时，内心一定在波涛翻滚，"抓还是不抓，这真是一个问题"！权衡利弊，他最终放过了诸葛亮，为自己招来庸众的嘲笑，却赢得了司马氏家族的未来，这的确需要很大的勇气和智慧。 而诸葛亮呢？ 他太了解司马懿了，相信他从一开始便想到了这件事的结局，所以便很乐意地配合司马懿把这出好戏演完。

不得不承认，诸葛亮和司马懿都是伟大的智谋家，他们在面对外在的压力或诱惑时，常能够化险为夷，取得最终的胜利，其奥妙何在呢？ 我想他们靠的主要就是三条。 一是冷静，关键时刻绝不头脑发热；二是沉静，能够静下心来认真思考，选择最佳方案；三是肃静，能够气定神闲，从容面对暂时的不利后果。 有此三"静"，你就能在激烈的竞争和纷繁侵扰的混沌世界中重新找回自己，最终实现属于你自己的真正的梦想。

少年人天马行空，不甘虚静无为，所以有时候有些浮躁也是很自然的。 但我们总要成长，总要成熟，所以去除身上不必要的浮躁之气，涵养一种娴静典雅的气质，恰恰是我们每个人不得不面临的成长任务。 懂得静以修身，不是不让你说话、做事，而是要让你在合适的时间、合适的地点说正确的话，做正确的事；学会静以修身，就是在别人都在说不合适的话、做不合适的事时，你能够冷眼旁观，洁身自好，而不是趁机起哄，随波逐流。

总之，"静"是成熟的标志，是文明的体现，是智慧的结晶，是应对当前浮躁世界、找回真我的一剂良药，是我们每个人都应具备的基本素质。 只要我们正视自己、静心常存，就能深谋远虑、高瞻远瞩；只要我们排除杂念、一心向学，就能日积月累、厚积薄发；只要我们理解他人、淡泊名利，就能看淡胜负、心静如歌。

乔治·桑说："由于人们能够沉静下来思索，精神生活变得异常丰富。"那就让我们从今天起，学会做心静的人吧。

谢谢大家！

无规矩不成方圆

马机麟

老师们，同学们，大家好！

这件事发生在前些时候。某一天下午，上海虹桥至汉口的一列动车抵达南京站后，被迫停止运行一个多小时。旅客不解、埋怨，后来得知原因是一名乘客坠入了轨道！后来南京南站发布情况说明，在列车即将到达南京南站 21 号站台时，一年轻男子突然从对面的 22 号站台跳下，横越轨道，抢在下次列车到达前，试图翻上 21 号站台未果，被夹在列车与站台之间，后该名男子在救援过程中死亡。男子为自己的行为付出了血的代价。

生活中我们经常看到这样的情况，那些不走人行横道的人，跨越栅栏抄近道的人，穿越绿化隔离带的人……种种不守交通规则的现象屡见不鲜。这些马路上的不文明现象很容易导致交通事故，甚至酿成大祸。出现这一现象的最根本原因是行人交通法规意识比较淡薄。从一系列血淋淋的事件中，我们深刻体会到：生命岂能儿戏，世界上有一条保护生命的基本线，它叫作规则！

今天我演讲的题目是《无规矩不成方圆》。这句话出自《孟子·离娄上》："离娄之明，公输子之巧，不以规矩，不成方圆。"不用规和矩，就画不成圆形和方形，人人遵守规则，才能有良好的秩序。我们先来了解"规矩"一词的意思。据《现代汉语词典》，"规矩"有两个义项：其一，指一定的标准、法则或习惯，如老规矩、立规矩、守规矩、按规矩办事等；其二，是指（行为）端正老实，合乎标准或常理，如规矩人、字写得规矩等。学生在学校的规矩就是遵守学校制订的一系列规章制度。一个社会要发展，人人都必须遵循一定的社会规则，整个社会才能有条不紊地运作。学校也是一样。一个好的学校背后，会有一股强大的力量，在培养我们，教我们怎样去遵守基本的道德规范。

校园是陪伴同学们成长的地方，在学校，同学们可以得到知识的熏陶，得到人生的启迪。那么我们在学校里需要遵守哪些规则呢？

先说教师吧。其实我们作为教师也有不少规则需要遵守，比如为人师表，廉洁从教，按时上下课，不迟到，不缺课，语言文明，认真备课，因材施教，不得随意换课，按课程标准制订教学计划，把握教学进度，处理课堂突发事件，要以公平、体谅的态度对待学生，客观、公正、民主地对待学生……

作为学生，同学们要遵守纪律，从小就养成好习惯；要自尊自爱，注重仪表，比如升旗仪式上需要唱国歌，要肃立、脱帽、行注目礼，少先队员行队礼；要尊重老师，在学校里遇见认识或不认识的老师都要主动问好；要诚实守信，平等待人，热爱集体，热爱同学，努力学习，爱护学校的公物。总之，按照这些要求去做，才是真正有利于我们的成长的。

无规矩不成方圆，除了我们说的遵守规则，还要遵守规则中的基本规范——法律。我们必须遵守我国的法律，在规矩内做事。法律鼓励的我们积极去做，法律要求的我们积极去做，法律禁止的坚决不做。"中国梦"的实现是需要有法制保障的，依法治国是"中国梦"的制度保障，一切不依法行事、不守纪律、不讲规则的行为都是实现"中国梦"的障碍。遵守法律、遵守规则，应内化于每个人的实际行动。

在这个复杂多变的社会中，规矩占有十分重要的地位，它能保障社会稳定并健康地不断发展。不守纪律、不讲规则，终将付出代价。回过头来，我们再看南京南站那位不幸被撞的人，假如他从学生时代就养成守规矩的好习惯，到社会上也能够按照规则行事，怎么会这样残酷地失去生命呢？

最后，请同学们记住，有一条纪律叫讲规矩，有一个规矩叫守纪律！为了更加美好的明天，让我们都来做守规矩的人吧！

谢谢大家！

存义心，行义举

许振寰

亲爱的各位领导、同事、同学们，大家好！

今天我想和大家谈谈"义"这个字。

中华民族向来是一个尚义的民族，孔子最早提出了义："四维不张，国乃灭亡。何谓四维？一曰礼，二曰义，三曰廉，四曰耻。"当生与义两者产生冲突时，孟子也早就给出了答案——舍生取义。由此可见，义在我国传统文化中地位之高，贯穿了整个民族的历史，谱写出了一首豪迈奔放的史诗。

"父死不葬，爱及干戈，可谓孝乎？以臣弑君，可谓仁乎？"这是伯夷、叔齐在孟津扣住周武王的马缰绳时对他发出的大声质问。周武王克商后，天下宗周，伯夷、叔齐为了心中的义，耻食周粟，采薇而食。首阳山的薇菜见证了他们的潦倒，听到了他们"以暴易暴兮，不知其非矣"的歌声，也看到了他们身后开放的绚烂的义之花。这些花不枯不败，傲然挺立。正如姜太公拦下想要对此二人动武的周武王的手下时所言，"此义人也"。除此，亦有汨罗江畔、披发行吟"亦余心之所善兮，虽九死其犹未悔"的屈原；身世浮沉、风雨飘摇中仍然铿锵有力地发出"人生自古谁无死，留取丹心照汗青"声音的文天祥；身处逆境、屡遭挫折却能坦然"莫听穿林打叶声，何妨吟啸且徐行"的苏轼……爱国是义，坚守亦是义。

"横眉冷对千夫指，俯首甘为孺子牛。"鲁迅先生于民族危亡之际，在暗夜里发出声声呐喊，瘦弱的身躯在一把把有形或无形的匕首前从来不曾退却，让自己的声音唤醒暗淡长夜。"寄意寒星荃不察，我以我血荐轩辕"，鲁迅先生的义，使民族不彷徨。除此，亦有鞠躬尽瘁，死而后已，以恢复中原为毕生责任的诸葛亮；先忧后乐，令西夏军闻风丧胆，以天下苍生安危为己任的范仲淹；于列强横行之时，万里硝烟，壮我国人志气的林则徐……刚正是义，责任感也是义。

有一位老人，74 岁高龄时开始"蹬三轮"赚钱，帮助贫困孩子实现上学梦，这一蹬就是十多年。在他生命最后的十多年里，前后共捐款 35 万元，资助了 300 多名贫困学生，去世时，他自己私人账户的存款为 0，这位老人叫白方礼。有一位青年，刚刚大学毕业就从繁华的城市走进大山深处，进行义务支教，面对贫穷和孤独，用自己的力量点燃了乡村孩子们的希望，这位青年叫徐本禹。善良是义，困难时的守望互助更是义。

2020 年，在突如其来的新冠肺炎疫情中，我们更是见到了太多太多的义举：有各式各样的支援，"实在山东搬家式""散装江苏硬核式""热情东北一体式""四大天团会师式""解放军担当式""买空全球口罩式"……有各行各业的普通人成为"逆行者"，医生、护士、快递小哥、建筑工人、农民、个体商贩……各种各样的奇迹湿润了我们的眼眶，让我们迅速控制住疫情，经济率先复苏。

从先秦到现代，义的传承绵延不断。义，不像法律那样有着明确的规定，什么是义，什么是不义。它是充盈于天地间的浩然正气，是根植于国人内心的骄傲，是发自内心的良知。正是这义，使中华民族挺起不屈的脊梁，无论是地震袭来、洪水肆虐，还是病毒传播，我们从来不曾倒下。

同学们，我们作为当代读书人，要让这种良知成为一种习惯。我们不要"两耳不闻窗外事，一心只读圣贤书"，我们要关心世界，关心国家，关心时事，关心人类，要"风声、雨声、读书声，声声入耳"，更要"国事、家事、天下事，事事关心"，因为万事万物都与我有关。

让我们心存"义"字，去做一名英勇无畏、胸怀天下、敢于挺身而出的义士吧！

谢谢大家！